THE BODY'S POLITICS
LA POLÍTICA DEL CUERPO

THE BODY'S POLITICS
LA POLÍTICA DEL CUERPO

by

Jessica Nooney

Bilingual edition

Translated into Spanish and edited

by

Roberto Mendoza Ayala

Images by
Jessica Nooney

Cover design by
Alonso Venegas Gómez
based on a photograph by Grove Nooney

DARK
LIGHT
PUBLISHING
NEW YORK • MÉXICO

2018

First printing: July, 2018

ISBN: 978-0-9982355-7-8

Designed and typeset in New York City by:

Darklight Publishing LLC
8 The Green Suite 5280
Dover, DE 19901

All of the photographs and digital images in this book
are the work of Jessica Nooney

Contents

Politics and Human Suffering

Rainbow the Conversion

Poetic Forms

Índice

Política y Sufrimiento Humano

Arco Iris la Conversión

Formas Poéticas

Preamble

I WAS BORN IN NEW YORK IN 1938, the year of *Kristallnacht*, and I lived on the East Side of Manhattan and then the West Side, always a block from Central Park.

I am an only child. My mother was Jewish and a classical pianist. My father was an Irish Baptist turned atheist painter-photographer. He read Poe, Swinburne, Baudelaire and others out loud as I danced to the poetry in our tiny living room. When I look at pictures of me back then I'm struck by my expressions of sadness, and longing to get beyond the narrow walls surrounding me. I could leap very high and stay in the air for a long time. I think those two elements have shown up in my poetry thirty years later.

I remember praying for peace on earth every night as a child. I remember the wailing up and down our tenement stairwell when FDR died. I grew up in fear of bad men coming in our fire escape and raping and stealing. My parents were "lefties" and to this day I have never questioned my cultural inheritance of politics and art.

But along with this rich and beautiful culture was a narrow definition of "woman." What hits me in the gut is the lack of questioning growing up, of the assumptions of what it means to be a woman. I didn't dare think about what would constitute authentic success and happiness for myself.

My poetry often deals with women's lives. I believe that the more we acknowledge and name the specific actions and feelings of our lives as women, the better our situation will be in the world. I believe that if this planet is to survive, women need to be as powerful as men.

It's time for men to be held accountable for their personal and collective crimes against women.

Jessica Nooney

Preámbulo

NACÍ EN NUEVA YORK EN 1938, el año de la *Kristallnacht*, y viví en el East Side de Manhattan y luego en el West Side, siempre a una calle de Central Park.

Soy hija única. Mi madre era judía y pianista clásica, y mi padre fue un bautista irlandés convertido en pintor-fotógrafo ateo. Él leía a Poe, Swinburne, Baudelaire y a otros en voz alta mientras yo bailaba la poesía en nuestra pequeña sala de estar. Cuando miro imágenes mías de ese tiempo, me impresionan mis expresiones de tristeza y de anhelo por ir más allá de las estrechas paredes de las que estaba rodeada. Podía saltar muy alto y permanecer en el aire durante mucho tiempo. Creo que esos dos elementos aparecen en mi poesía treinta años después.

Recuerdo que de niña rezaba por la paz en la tierra todas las noches. Recuerdo los llantos pisos arriba y abajo de nuestra vivienda cuando Roosevelt murió. Crecí con el temor de que hombres malos entraran a violar y a robar por nuestra escalera de incendios. Mis padres eran "izquierdosos" y hasta hoy jamás he cuestionado mi herencia cultural de política y arte.

Pero junto con esa rica y hermosa cultura, había una definición limitada de "mujer". Lo que me pega en las entrañas es la falta de cuestionamientos al crecer, las convenciones de lo que significa ser mujer. No me atrevía a pensar en lo que constituirían el auténtico éxito y la felicidad para mí.

Mi poesía a menudo se ocupa de las vidas de las mujeres. Creo que cuanto más reconozcamos y nombremos las acciones y sentimientos específicos de nuestras vidas como mujeres, mejor será nuestra situación en el mundo. Creo que si este planeta va a sobrevivir, las mujeres deben ser tan poderosas como los hombres.

Es momento de que los hombres se responsabilicen por sus crímenes personales y colectivos en contra de las mujeres.

Jessica Nooney

THE BODY'S POLITICS
LA POLÍTICA DEL CUERPO

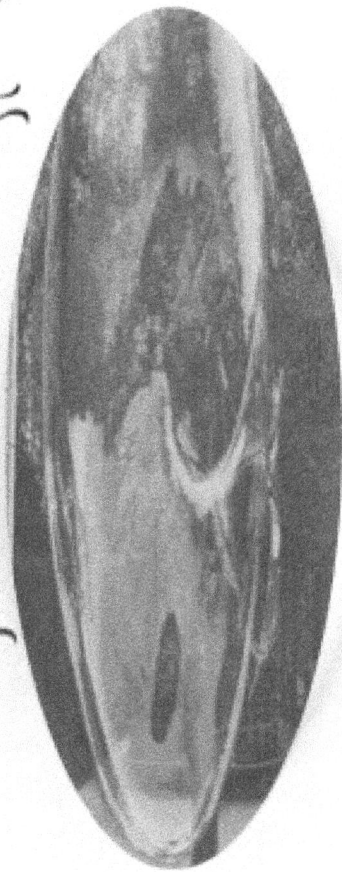

WE ARE HERE NOW

ESTAMOS AQUÍ AHORA

PAINTER AND POET
OF THE WANTON WAY NEBULA

Darlings I'm old   dear tumble down
    Loose me   around my neck   words
       My time has been sold   gladly as fodder
       For loose cannon poems

I'm a regional writer   from the Wanton Way Nebula
     Spiraling prayers   far as stars can be flung
       A Dervish of wanting   my words lick the distance
Probing for you   with my baby-wet tongue

Darlings I'm queer when I woke up this morning
     I flew to P town as old Mother Goose
       Booked the flight home as Jessie the Gander
          Turbine over broomstick   my right to choose

Now I load a wide brush with   cobalt blue
    Drag it slowly down the canvas   (you could do it too)
       Rectangles are born   Empty or aglow
         In one lives a face I used to know

     Life falls fast past my window tonight
        On its way from here   to there   where
        The horizon tilts 90 degrees
          Sliding us back into the sea

     We are shifting waves of light
        We are   darling
            stars
              spiraling
                to dark

PINTORA Y POETA
DE LA NEBULOSA WANTON WAY

Queridas, soy vieja   estoy en decadencia
   Libérense   desde mi cuello   las palabras
     Mi tiempo ha sido derrochado   gozosamente como metralla
      En poemas de verso libre

  Soy una escritora regional   de la nebulosa Wanton Way
   Rezos espirales   tan lejos como las estrellas puedo lanzar
   Una derviche por desear   que mis versos rocen la distancia
Que exploro para ustedes   con mi lengua húmeda de bebé

  Queridas, soy rara desde que me levanté esta mañana
    Volé a la ciudad de P como vieja Mamá Gansa
      Tomé el vuelo de regreso como Jessie el Ganso
        La turbina sobre la escoba   mi derecho a elegir

Ahora embarro un pincel ancho con   azul cobalto
 Lo arrastro lentamente por el lienzo (tú también puedes hacerlo)
    Nacen rectángulos   Vacíos o radiantes
     En uno vive un rostro que yo solía conocer

  La vida pasa rápido más allá de mi ventana esta noche
    En su camino de aquí   a allá   adonde
     El horizonte se inclina 90 grados
      Deslizándonos de vuelta al mar

    Estamos levantando olas   de   luz
      Somos   cariño
         estrellas
          descendiendo
           a la obscuridad

HE GAVE ME A CUP

I took it home
It mingled
In my house
With other stuff I love
When it cracked
I was responsible

Shadows visit

They dally
And draw
In dreams
Now that our days
Of quenching the thirst of
Others are gone

ÉL ME DIO UNA TAZA

La traje al hogar
Se mezcló
En mi casa
Con otras cosas que amo
Cuando se quebró
Yo fui responsable

Sombras charlan

Pierden el tiempo
Y se llaman
En sueños
Ahora que nuestros días
De apagar la sed de
Otros se han ido

OLD WOMAN ON A SEESAW

Fit and fiddling to time's fasting
The line grows fine between sleep and walk.

I talk to backs of kids forgetting
they're heading to another home.
Never to come back   life ever birthing
its own losses   if it's real.

The I of time   a crimson coat upon a stick
an old woman pushed out
a new lover put on hold.
Darling, she calls me on the phone.
As I revel in old days   the present fasts.

Time roils for a fight.
Mean swells of madness   I am
hot to totter men and war. This world
teeters on my eyelid   rolls down my cheek.
When it's real
the fulcrum is love

set at this point
between sadness and fury.

ANCIANA EN UN SUBIBAJA

En forma y ociosa para el ayuno del tiempo
La línea crece bien entre el sueño y la caminata.

Hablo a las espaldas de los niños y olvido
que se dirigen a otro hogar.
Para nunca regresar   la vida siempre da a luz
sus propias pérdidas   si es real.

El yo del tiempo   un abrigo carmesí sobre una vara
una anciana expulsada
una nueva amante puesta en espera.
Cariño,   ella me llama por teléfono.
Mientras me deleito en los viejos tiempos el presente ayuna.

El tiempo es propicio para una pelea.
Ello significa hartarse de locura   Estoy
dispuesta a enfrentar a los hombres y a guerrear. Este mundo
se tambalea sobre mi párpado   baja por mi mejilla.
Cuando es real
el fulcro es amor

fijo en este punto
entre la tristeza y la furia.

FOR THE SKY'S TOUCH

A lot of women I know are slated for sainthood
A lot of women have conceptions of the immaculate

Let us pray: Spirits of   Breath   and   Breeze
touch us   one by one and run

as Bach's A Minor Fugue
dips down to touch this latticework of earthly lights

runs up and down broad avenues   sighs through mosque
and church on to fields of sweating bodies

run wind in galloping gusts   drop down before shops and shanties
'til all have felt it whirring past our ears to touch another and another

in the key of A

the key of B

with all life's keys

'til men have heard it in every register
in all the breathing of night sighs between lovers

run run to each and every one
so that all men will know to stop killing

and to live

for the Sky's Touch

PARA QUE EL CIELO LOS TOQUE

Muchas mujeres que conozco están apuntadas para la santidad
Muchas mujeres tienen concepciones de lo inmaculado

Oremos: Espíritus de Aliento y   Brisa
tóquennos   uno por uno y corran

mientras la fuga de Bach en LA menor
se sumerge para tocar este enrejado de luces terrenales

corre de arriba a abajo por anchas avenidas   suspira en la mezquita
y en la iglesia hacia los campos de cuerpos sudorosos

corra su viento en ráfagas veloces   entre tiendas y chozas
hasta que todos la hayan sentido zumbar más allá de los oídos
hasta tocar a otro   y a otro

en el tono de LA

el tono de SI

en todos los tonos de la vida

hasta que los hombres la hayamos escuchado en cada registro
en el aliento de todos los suspiros nocturnos de los amantes

vayan vayan a todos y cada uno
hasta que todos los hombres sepan dejar de matar

y vivan
para que el Cielo los Toque

START

from the candle burning on the mantel
Our extraordinary age   Our being women
Start from where we are   Burning steady

Pain and suffering left behind
How could we have known that we would be happiest
with no partner religion job children dog or cat
Free of tyranny fear and poverty
Even the confusion and worry
of being close to someone else

Fed by the stillness of my room
the candle on the mantel holds its steady light
In my eighties those that were close are now far away

It feels good to pass as a man lately
To have all the choices and entitlement of a man
Now that they are not being conscripted
or shackled as slaves by their fellow man

Our life is as soothing as the rain
falling against the window this evening
No time left but for peace writing and rumination
Come join us   Don't worry   But come quick

COMENZAR

por la vela encendida sobre la repisa
Nuestra extraordinaria edad   Nuestro ser mujeres
Comenzar desde donde estamos   Ardiendo firmes

Dolor y sufrimiento dejados atrás
Cómo podríamos haber sabido que seríamos más felices
sin compañero religión empleo niños perro o gato
Libres de tiranía miedo y pobreza
Incluso de la confusión y la preocupación
de estar cerca de alguien más

Alimentada por la quietud de mi habitación
la vela en la repisa mantiene firme su luz
A mis ochenta años, quienes estaban cerca ahora están muy lejos

Se siente bien pasar por hombre últimamente
Tener todas las opciones y los derechos de un hombre
Ahora que ya no son reclutados
o encadenados como esclavos por su prójimo

Nuestra vida es tan relajante como la lluvia
que cae contra la ventana esta tarde
No hay tiempo sino para la paz escribir y meditar
Vengan y únanse a nosotras   No teman   Pero vengan pronto

FAMILY, FRIENDS AND LOVERS

FAMILIA, AMIGOS Y AMANTES

INHERITANCE

Aunt Ann's pale floral housecoat
Floated down the Hudson River 50 years ago
I wrapped it around a rock and threw it way out
Watched it travel south on an ice floe and sobbed
My father's oldest sister who was his protector
And my solace had died
50 years later I keep her ashes high up on my shelf at home

Her housecoat traveled alone
I alone loved Ann as my parents wouldn't talk to her
I inherited her ashes and her skillful dark poignant etchings
And a memory of an old woman so solitary
So impoverished she cooked dinner for me on a hot plate
Under the light of a single bulb
Surrounded by a dark and menacing universe

Today I snap snow scenes on my smartphone
Through a frosted cafe window
Children throwing snowballs
Grownups pulling sleds or going to work
The same forms black and energetic
That populated my Aunt's etchings done in the 1930s
It's her eyes and mine that look through the lens together

HERENCIA

La pálida bata floreada de la tía Ann
Flotó río abajo por el Hudson hace 50 años
Envolví con ella una piedra y la arrojé muy lejos
La vi viajar hacia el sur sobre un bloque de hielo y sollocé
La hermana mayor de mi padre, la que era su protectora
Y mi consuelo había muerto
50 años después guardo en casa sus cenizas arriba de mi repisa

Su bata viajó sola
Yo amaba en solitario a Ann aunque mis padres no le hablaban
Yo heredé sus cenizas y sus hábiles, contrastados aguafuertes
Y el recuerdo de una anciana tan solitaria
Tan empobrecida que me hacía la cena en una parrilla
Bajo la luz de un único foco
Rodeada por un universo obscuro y amenazador

Hoy capto paisajes nevados con mi *smartphone*
A través del escaparate escarchado de una cafetería
Niños lanzando bolas de nieve
Adultos jalando trineos o yendo a trabajar
Las mismas formas negras y enérgicas
Que poblaban los grabados de mi tía hechos en la década de 1930
Sus ojos y los míos miran juntos por el lente

BEFORE COMING OUT

For my son

He unrolled it slowly
The kite ascended
He was free
Playing hooky from high school
When the going gets tough
Luke goes to Central Park
His friends said that about him
That kid out in the meadow
So startlingly handsome
So undercover and sad
So angry

He often joined this group of old men
In the middle of the day
One was the grandfather he wanted
One was the father he wanted
One was the father he would be one day
All had dropped out beyond success
They made a bright piece of tissue paper fly
So high it almost disappeared
Luke's laughter ran up his kite string
Across the bow
And slowly ran along its flickering tail

The going had been tough
But out here with the sun overhead
With these old men friends
They were kind
Quiet
Sober

ANTES DE SALIR DEL ARMARIO

Para mi hijo

Lo soltó lentamente
El cometa ascendió
Él era libre
volándose las clases desde la secundaria
Cuando la cosa se pone difícil
Luke va a Central Park
Sus amigos decían eso de él
Ese muchacho en el prado
Tan sorprendentemente guapo
Tan introvertido y triste
Tan enojado

A menudo se unía a este grupo de ancianos
A mitad del día
Uno era el abuelo que él deseaba
Uno era el padre que él deseaba
Uno era el padre que él sería algún día
Todos felizmente truncados
Le hicieron una luminosa pieza de papel de china que voló
Tan alto que casi desapareció
La risa de Luke subió por el hilo de su cometa
Cruzó el arco
Y bajó lentamente por su cola zigzagueante

La cosa había sido difícil
Excepto aquí afuera con el sol en lo alto
Con estos ancianos amigos
Ellos eran amables
Callados
Sobrios

Jessica Nooney

How could the boy understand his own genius
Creating peace and liberation with men
Who knew how to stand still
And fish in the sky

Cómo podría el muchacho entender su propio genio
Al crear paz y alivio con hombres
Que sabían cómo pararse firmes
Y pescar en el cielo

SONNY COME ROUND
COME ROUND THE BUSH

(Song for jumping rope)

There's a pickled moon in mom's bosoom
Sonny come round   come round tonight
Daddy's tin horn is broke and forlorn
Sonny come round   come round tonight

There's jizzem and jazzem in sissy's pants
Sonny come home baby's crying for you
Grandma is hurt she fell in the loo
Sonny I love you   come round for a dance

There's only one sonny there's only one moon
The house is all clean   dinner's waiting for you
You're the big daddy now   I'll teach you how
When your house is on fire   your children leave soon

Our house is on fire our children are burned
Sonny come   sonny come   sonny come round

HIJO DATE UNA VUELTA
DATE UNA VUELTA POR EL NIDO

(Canción para saltar la cuerda)

Hay una luna en conserva en el pecho de mamá
Hijo date una vuelta   date una vuelta esta noche
El bocón de papá está quebrado y abandonado
Hijo date una vuelta   date una vuelta esta noche

Hay manchas de semen en los calzones de tu hermanita
Hijo ven a casa el bebé está llorando por ti
La abuela está lastimada se cayó en el baño
Hijo te amo   date una vuelta para bailar

Solo hay un hijo solo hay una luna
La casa está toda limpia   la cena te espera
Ahora eres el señor de la casa   te enseñaré cómo
Cuando tu casa arde   tus hijos se van pronto

Nuestra casa arde nuestros hijos se queman
Hijo ven   hijo ven hijo date una vuelta

FOR MY DEAR ONE

big bumble bee lazes around the humble phlox
the sun visits   and leaves the spider's work
infinite gossamer tightropes   between the flowers

a species of minute flying insect lands on my words
just now in real time   (forget poetic time)
she stays   I watch a long time

she is a foot away from my eyes   I understand
she is in trouble   tiny pink wings
oval petals   ornate or tattered

minuscule mantis body   S sloping along my page
legs of white thread   splayed
sinking   too frail   down

it's time to fly away   she rises like the smallest helicopter
falls down   struggles up   she's in the air a moment
before landing / crashing onto the cement

where there are many many pink phlox petals that all
may be   or   may not be   her
through the eyes of the watching sparrow

for my dear one who can't see what I see
for my dear one who can't escape
for my dear one I can't help

PARA MI QUERIDA

un enorme abejorro holgazanea alrededor del humilde *phlox*
el sol visita   y abandona el trabajo de la araña
hilos infinitamente tensados   entre las flores

una especie de pequeño insecto volador aterriza en mis palabras
justo ahora en tiempo real   (olvida el tiempo poético)
se queda aquí   yo observo por mucho tiempo

está a un pie de distancia de mis ojos   comprendo
que está en problemas   pequeñas alas rosadas
pétalos ovalados   adornados o hechos jirones

minúsculo cuerpo de mantis   Una S zigzaguea por mi página
patas de hilo blanco   desplegadas
se hunden   demasiado frágiles

es hora de volar   se eleva como el más pequeño helicóptero
se cae   se esfuerza   está en el aire por un momento
antes de aterrizar / estrellarse   contra el cemento

donde hay muchos muchos pétalos de *phlox* rosa que
pueden ser   o   pueden no ser   ella
a los ojos del gorrión que observa

para mi querida que no puede ver lo que veo
para mi querida que no puede escapar
para mi querida a quien no puedo ayudar

FALL

She mourns the falling of the leaves
she can't afford to lose and loyally remembers for all time.

She sleeps betwixt the sticks and stones a bed we've made for her
of broken bones. Words have also harmed her.

Held at arms length she shivers on our ground despite
a patch of cloud I've stitched to her for warmth.

I'm here to catch her if she falls and push her hard.

The patch of cloud dissolves as tears.
Through all time it's only falling leaves my golden lady wears.

CAÍDA

Ella lamenta la caída de las hojas
no se da el lujo de perderlas y les tiene siempre un fiel recuerdo.

Duerme y entre las varas y las piedras le hemos hecho una cama
de huesos rotos. Las palabras también la dañaron.

Sostenida entre los brazos se estremece en nuestro suelo a pesar
de la cobija de nubes que le he cosido para abrigarla.

Estoy aquí para atraparla por si cae y para abrazarla con fuerza.

La cobija de nubes se disuelve como las lágrimas.
Con el tiempo solo hojas caídas cubren a mi dama dorada.

TENDING TO AN INSANE FRIEND

Who do you think you are
stealing my old nightmares
parading them under this hot August sun
Who do you think you are that the police the landlord
black clad vandals   have surrounded *you* to put *you* in jail

I said I'd visit you   now I'm late   you use your nightmares
to send me hurrying through hellish streets
spinning me around in circles   doubting my sanity
I don't know what to do
Me Me I'm the bad girl (I shout at her with pride)

You'd rather be punished
than be happy
Oh you women and your guys   you totter your panic
down Broadway   push it ahead of you on your walker
at St Luke's   Gracie Square Hospital   Mt Sinai
you are all alone

Always it was some Bastard
now they've forsaken you   now you are old and weak
they penetrate your walls leave garbage in your bureau drawers
tap your phone their ears are everywhere
and you've been very bad

I sort of liked some early versions of you
But now your world reaches out to grab me
how do you expect me to know what to do   you've proved me the fool
I could teach you things   but I can't teach you
to want something I can give you

CUIDANDO A UNA AMIGA DESVARIADA

¿Quién te crees que eres
robando mis viejas pesadillas
sacándolas a desfilar bajo este cálido sol de agosto?
¿Quién te crees que eres cuando la policía el casero
vándalos vestidos de negro   te han rodeado para encarcelarte?

Dije que te visitaría   ahora es tarde   usas tus pesadillas
para enviarme corriendo por las calles infernales
poniéndome a dar vueltas   a dudar de mi cordura
No sé que hacer
Yo Yo soy la chica mala (le grito a ella con orgullo)

Prefieres sentirte castigada
que ser feliz
Oh ustedes mujeres y sus muchachos   tambalean su pánico
por Broadway   lo llevan por delante de ustedes en su andadera
por St Lukes   El Hospital Gracie Square   El Monte Sinaí
están completamente solas

Siempre hubo algún Cabrón
ahora te han abandonado   ahora eres vieja y débil
penetran tus paredes dejan basura en los cajones de tu buró
intervienen tu teléfono sus oídos están en todas partes
y tú has sido muy mala

Quizás me gustaban algunas primeras versiones tuyas
Pero ahora tu mundo se extiende para tomarme
¿Cómo esperas que yo sepa qué hacer?   La tonta soy yo
Podría enseñarte cosas   pero no puedo enseñarte
a desear algo que yo puedo darte

VISITING AN OLD LOVER IN CALIFORNIA

Of course
It was preordained
That the room you would rent for us in Jenner
The *Starlight Room* would be as big as the sky

It had a funny king-size bed with the crest
Of some patriarch on the headboard
We laughed that two old lesbians would spend
Their last nights together in this monarchical bed

Wrap around windows over the Russian River
We watched morning mist on distant hills to the East
We watched the sun set on the Pacific to the West
That last night rain turned the room into our sanctuary

As light faded we started our conversation
Sitting on different sides of the big space
Dusk settled   you came over   found
A chair closer   we sat and talked a long time

Talked about when we were lovers long ago in New York
About Buddhism   about practice and learning
How sitting is a good response to life
I never will know what might have happened

If I could have just sat there in the near dark
Just sat
And not dragged us both out in the rain
To find yet one more restaurant to eat in

VISITANDO UN VIEJO AMOR EN CALIFORNIA

Por supuesto
Estaba predestinado
Que la habitación que alquilarías para nosotras en Jenner
La *Habitación Starlight* sería tan grande como el cielo

Tenía una ridícula cama king size con el escudo
De algún patriarca en la cabecera
Nos reímos de que dos viejas lesbianas pasaran
Sus últimas noches juntas en esa cama monárquica

Ventanas a todo lo ancho sobre el Russian River
Miramos la niebla matutina en las colinas distantes del este
Miramos la puesta de sol sobre el Pacífico hacia el oeste
La última lluvia nocturna hizo de la habitación nuestro santuario

Cuando la luz se desvaneció empezamos nuestra conversación
Sentadas en diferentes lados del amplio espacio
Al anochecer   te acercaste   encontramos
Una silla a la mano   nos sentamos y platicamos largamente

De cuando fuimos amantes hace tanto en Nueva York
Acerca del budismo   sobre su práctica y aprendizaje
Cómo es que sentarse es una buena respuesta ante la vida
Nunca sabré lo que pudo haber sucedido

Si solo me hubiese quedado sentada allí en la obscuridad
Solo sentada
Y no arrastrarnos a ambas afuera hacia la lluvia
Para encontrar solo un restaurante más para comer

ADAGIO

I never liked it when my lovers watched TV
most lovers didn't last long
but with you it was different
we both dislike the same things
TV   complacency   stupidity

I thought we did really well in bed
found out much later you thought
I didn't take my time with you while making love
except the time the adagio movement
of a Beethoven Quartet played on the radio

I paced my dance to that quartet
the rhythmic dance (ahh I remember 20 years ago)
how I caressed your body
I paced my hands and mouth
to that middle movement

I've slowed down
a lot since then
it may be too late
to try again
what am I going to do about you

the last of my true loves
the last of the two loves of my life
you travel all over
I stay here and wonder
I drink sake   I take long naps

ADAGIO

nunca me gustó que mis amantes vieran la televisión
la mayoría de las amantes no duraban mucho
pero contigo fue diferente
a ambas nos desagradan las mismas cosas
la TV   la complacencia   la estupidez

pensé que lo hacíamos muy bien en la cama
descubrí mucho después   que tú pensabas
que no me tomaba mi tiempo contigo al hacer el amor
excepto el tiempo del adagio
de un cuarteto de Beethoven tocado en la radio

yo acompasé mi baile a ese cuarteto
el baile rítmico (ahh, recuerdo hace 20 años)
cómo acaricié tu cuerpo
acompasé mis manos y mi boca
a ese movimiento intermedio

me he hecho muy lenta
desde entonces
puede ser demasiado tarde
para intentarlo de nuevo
¿qué voy a hacer contigo?

la última de mis amores verdaderos
la última de los dos amores de mi vida
viajas por todas partes
yo me quedo aquí y me cuestiono
bebo sake   tomo largas siestas

but that's the end of it
what am I going to do about you
the last of my old loves
the last of my old lives

ten years younger
you are my piece of eternity
and darling
you still call

pero ése es el final
¿qué voy a hacer contigo?
la última de mis viejos amores
la última de mis vidas anteriores

diez años más joven
eres mi pedazo de eternidad
y cariño,
todavía llamas

AUGUST

Here's a poem   there's a sunny day
In Provincetown   here's the woman in the sand
In her sarong   the other in the bay with goggles and cap
Here's a lusting after lasting   and there you are
There are birds and boats and pier
Beach face graced by flocks of gulls

Here she comes dripping from a sea of fifty years ago
She comes to me with goggles and her cap full of love
I always looked for my father again   who cried so easily
She came out of the bay   what could I have done
with my thankfulness

Come back   four years later
I pleasure myself to celebrate Provincetown once more
With barking gulls and gurgling tidal gullies
Oh bay   you are an offering of paint
Creamery blue   smeared on this spit of earth
Provincetown
Toy boats carrying candles on birthday bay

Black lab   topaz eyes   comes and sits on the sand
Posing for my pen   poised for my joy
The content of this form is pleasure
Following function   to hold the sea in a cap
Yet no dripping bather comes toward me this time
But sweet dog paws crossed just so   ears just up
She regards my eyes
Then looks around   at all that might be for me

Here's a day a little like that other
Years ago in Provincetown

AGOSTO

Aquí hay un poema   hay un   día soleado
En Provincetown   aquí está la mujer en la arena
En su pareo   la otra en la bahía con gafas y gorra
Aquí hay un deseo que perdura   y allí estás tú
Están las aves y los botes y el muelle
El rostro de la playa adornado por bandadas de gaviotas

Ella sale escurriendo de un mar de hace cincuenta años
Viene hacia mí con gafas y su gorra llena de amor
Siempre busqué de nuevo a mi padre   que lloraba fácilmente
Ella salió de la bahía   qué podría haber hecho yo
con mi agradecimiento

Regreso   cuatro años después
Me complace   festejar en Provincetown una vez más
Con gaviotas graznando y el borboteo de la marea en las rocas
Oh bahía   eres una ofrenda de pintura
Azul cremoso   untado en este pedazo de tierra
Provincetown
Barcos de juguete llevan velas en la bahía del cumpleaños

Una labrador negra   ojos topacio   viene y se sienta en la arena
Posando para mi pluma   lista para mi gozo
El contenido de esta forma es el placer
Que sigue a la función   contener el mar en una gorra
Sin embargo ninguna bañista viene escurriendo hacia mí esta vez
Sino las dulces patas de una perra así cruzadas   las orejas levantadas
Ella observa mis ojos
Luego mira alrededor   a todo lo que podría ser para mí

Aquí hay un día casi como aquel otro
Hace años en Provincetown

DETOUR

In the year when the wrong turn was taken
I look back   see you standing alone
at the crossroads   by the wheatfield   waiting
my Kentucky cornflower blue

I retrace my steps back to you
wreathe garlands 'round your bright head
blue eyes unspoken for   give thanks
I watch as you bless us with prayer

Your sky blue eyes and golden hair
those smiling lips sing madrigals
I barely just barely attend to your prayer

I've made a brief detour back to you
my one Kentucky cornflower blue

DESVIACIÓN

El año en que se tomó el rumbo equivocado
lo miro de nuevo   te veo de pie sola
en la encrucijada   por el trigal   esperando
mi flor azul cian de Kentucky

vuelvo mis pasos hacia ti
tu cabeza brillante envuelta en guirnaldas
ojos de azul indecible   doy gracias
observo mientras nos bendices con una oración

Tus ojos azul cielo y tu cabello dorado
esos labios sonrientes cantan madrigales
apenas, solo apenas yo sigo tu rezo

He hecho una breve desviación hacia ti
mi única, flor azul cian de Kentucky

BLUE

In my son's Cessna
5 year old grandson
is pushing buttons as co-pilot
Bubba had no choice

Flying shadows are the land
Substance is smoke

Summer mouths have eaten the trees
Macrame of lacy October
We sun spark the waters and tiny lakes
Rivers ring out below

I am the female baggage in the back
Of the bubble of his dream

The common dream of flying high
And being the captain of who we can capture

These private sector acrobats dress down
Like the fanciest restaurants in town
No signs   no names   only the initiated know
How high in a flash any one of them might go

Pilot boys in their holy tees
Masters of extreme stress sucking rewards
from an 84 hour week *I hate my work
except for the money* he says to me

AZUL

En el Cessna de mi hijo
mi nieto de 5 años
presiona botones como copiloto
Abuelita no tenía opción

La tierra es sombras fugaces
La sustancia es humo

Las bocas del verano se han tragado los árboles
Macramé de encaje de octubre
Surcamos chispeantes aguas y pequeños lagos
Los ríos tintinean debajo

Soy el equipaje femenino al fondo
De la burbuja de su sueño

El sueño recurrente de volar alto
Y ser el capitán de quien pueda cautivarse

Estos acróbatas del sector privado se disfrazan
Como los mejores restaurantes de la ciudad
No hay anuncios   no hay nombres   solo los iniciados saben
Cuán alto en un destello cualquiera de ellos puede ascender

Jóvenes pilotos con sus playeras agujereadas
Maestros del estrés extremo obtienen recompensas
de una semana de 84 horas   *odio mi trabajo*
excepto por el dinero   me dice él

Jessica Nooney

We land for breakfast in a down-home place
Under a bright sky that seems forever
The waitress looks like me

All around are small hills with a plane on top of each
Here the world is new   I fall back on the grass
And gasp   at this empty breathless blue

Aterrizamos para desayunar en un lugar
Bajo un cielo brillante que parece eterno
La mesera se parece a mí

Alrededor hay pequeñas colinas con un avión sobre cada una
Aquí el mundo es nuevo   me tiro en el pasto
Y jadeo   ante este vacío azul sin aliento

THE TRUTH

words kill me
make me so entirely alone   I might as well be

I use them to try out new ideas
there are no new ideas   there are

words are the calibrations
of what I'm entitled to (of what I'm allowed to say)

say what you will
I'm not allowed

to make a mistake
to transgress those wordless laws

what are they
who made them

I'm mourning what I've lost
by saying words

when you said nothing
then I knew the truth

I'd lost you

LA VERDAD

las palabras me matan
me hacen sentir tan sola   como podría estarlo

las uso para probar nuevas ideas
no hay nuevas ideas   sí las hay

las palabras son las consideraciones
de aquello a que tengo derecho (de lo que se me permite decir)

di lo que quieras
no se me permite

cometer una equivocación
y transgredir esas leyes sin palabras

lo que son
quién las hizo

estoy de luto por lo que he perdido
al decir palabras

cuando no dijiste nada
entonces supe la verdad

te había perdido

WEEKEND AT HIGH VALLEY POND

The way some things sit and stay
Comforts me
The stands of spruce across the pond
In rain they are there
In black night they are there

    Trees say   *We have always been here*
    Our pond is here to hold us deep in her
    Bands of lilies serenade the blessed
    Union of pond and forest with summer airs
    Encircle the couple in fuchsia as they touch

      The way I drift in my canoe
      It pokes and nudges until it finds the single
      White lotus nestled in an arc of shore
      The pond is an unbroken cup of trees
      A bright window of sky
      Offering benediction

        The next day I come with paints
        I want to understand
        Trees rustle to me from the far shore
        We have always been here
        Will always be here
        Forest and pond   male and female

      Now as always   it's the silence of the pond I listen to

FIN DE SEMANA EN HIGH VALLEY POND

El modo en que algunas cosas se posan y permanecen
Me conforta
Los conjuntos de abetos al otro lado de la laguna
Si llueve están ahí
En la negra noche están ahí

Los árboles dicen   *Siempre hemos estado aquí*
Nuestra laguna está aquí para sostenernos profundamente
Conjuntos de lirios dan serenata a la feliz
Unión de laguna y bosque con los aires del verano
Envuelven a la pareja en fucsia cuando se tocan

El modo en que viajo a la deriva en mi canoa
Que se abre paso hasta encontrar al único
Loto blanco anidado en un arco de la orilla
La laguna es un continuo de copas de árboles
Una brillante ventana de cielo
Que ofrece bendiciones

Al día siguiente vengo con mis pinturas
Quiero entender lo que
Los árboles me susurran desde la orilla distante
Siempre hemos estado aquí
Siempre estaremos aquí
Bosque y laguna   masculino y femenino

Hoy como siempre   es el silencio de la laguna lo que escucho

Jessica Nooney

SHE SELLS SEA SHELLS BY THE SEA SHORE

she still sells sea shells and
her pipes and more
she can barely make it now
down to the shore

where old grey tots
like a her and a me
dote and doze
by the cobalt sea
on the lee side of this island

she shills for me
she trills for me
she trails her last
breathless garments
into the sea

where she waits for me
eternally

ELLA VENDE CARACOLAS POR LA PLAYA

ella todavía vende caracolas y
sus carrujos y más
apenas puede ahora
bajar hacia la playa

donde viejas y grises grandulonas
como una ella y una yo
divagan y dormitan
en el mar azul cobalto
en el sotavento de esta isla

ella es mi cómplice
ella trina para mí
ella arrastra sus últimos
ropajes sin aliento
hacia el mar

donde espera eternamente
por mí

Jessica Nooney

A POEM IN SPRING

a kiss is good but to write about it not that good   the pea
soup I brought into the writing class is better than writing
about a kiss thinking about the Saturday night kiss is only
as good as the kiss felt   which wasn't all bad by any
means

do you get my drift I am drifting and so did the kiss I
remember being thankful it wasn't French and sort of stopped
and started a few times   because despite the crowded and
noisy bar I wanted to get it right   but the kiss was doomed to
carry my anxiety

the truth is I wasn't ready for it and that is the first line of this
3rd stanza   I kissed a woman I had just met   I keep
wanting to stop this parsing of a kiss and sip my hot full
bodied fulfilling salty cup of soup with soft orange carrots
floating in it

but the subject is a kiss as in what Liz Taylor was doing with
Richard Burton as I just came through the Gay Center movie
into the creative writing class   I didn't want to see Liz
Taylor and Richard kissing   it was a 50's kiss as stupid as
they probably were

whereas Mimi and I are both very old and very smart
women   I have been conducting this ramble in the form
of a poem divided into stanzas of five lines each. One line
for each of us and the final line for two mouths merging as
one

UN POEMA EN PRIMAVERA

un beso es bueno pero escribir de él no tan bueno   la sopa de chícharos que traje al taller de escritura es mejor que escribir acerca de un beso pensar acerca del beso del sábado por la noche es solo tan bueno como el beso sentido   que no estuvo nada mal

¿te das cuenta que divago? divago y lo mismo pasó con el beso recuerdo que estaba agradecida que no fuese francés me detuve un poco y comencé algunas veces   porque a pesar del bar ruidoso y atestado quería hacerlo bien   pero el beso estaba condenado a cargarme de ansiedad

la verdad no estaba lista para ello y ésta es la primera línea de la 3a estrofa   besé a una mujer que acababa de conocer sigo queriendo detener este análisis de un beso y sorber mi espeso y completamente salado tazón de sopa con tiernas zanahorias anaranjadas flotando en él

pero el tema es un beso como el que Liz Taylor le estaba dando a Richard Burton justo cuando me salí de la película del Centro Gay para ir al taller de escritura creativa   no quería ver a Liz Taylor y a Richard besándose   uno de esos besos de los 50's tan estúpidos como probablemente lo eran

en tanto que Mimi y yo ambas somos mujeres muy viejas y sabias   he llevado esta divagación hasta la forma de un poema dividido en estrofas de cinco líneas. Una línea para cada una y la última para dos bocas fundiéndose en una sola

the subject of my poem is sipping hot soup while contemplating a kiss with a woman I like a lot   developing a   poem of 7 stanzas with 5 lines in most stanzas

turns out I've written 5 stanzas of 5 lines each and 2   which have 3 lines in them   this is as unruly as I pray our next kiss will be

el tema de mi poema es sorber sopa caliente mientras considero besar a una mujer que me gusta mucho   desarrollar un poema de 7 estrofas con 5 líneas en la mayoría de las estrofas

resulta que he escrito 5 estrofas de 5 líneas y 2 que tienen 3 líneas   esto es tan anárquico como ruego que sea nuestro próximo beso

Jessica Nooney

Jessica Nooney

IN CENTRAL PARK

burnished with warmth   this last November day
trees undress for me from the top down
golden spangles mutely shimmer   a bawdy bouquet
a *petit mort* to delight
I speed my bike down paths into the setting sun

on a certain trail of blinding light
my silhouette vanishes
I take on faith that
there is a path ahead
and not the end of one

long shadows freeze in mute warning
lovers and pigeons spin round and round
Asian brides spring up eternal
women are women
over and over

all the words in the world can't keep
this last glow of Autumn
from crying out
and spilling over
onto the dead red ground

tho blind I keep on
past the setting sun
where flocks of skate boarders
hurl scented bouquets at the wind

where I finally reach
the open wings of Bethesda
my own angel
fountain of grace and peace

EN CENTRAL PARK

bruñido con calidez   este último día de noviembre
los árboles se desvisten para mí de arriba a abajo
lentejuelas doradas brillan silenciosas   un ramillete obsceno
una *pequeña muerte* para el deleite
acelero mi bicicleta por los senderos hacia el sol que se oculta

en algún camino de luz cegadora
mi silueta desaparece
tengo fe en que
hay un camino por delante
y no el final de uno

largas sombras se congelan en muda advertencia
amantes y palomas vuelan y vuelan alrededor
novias asiáticas surgen eternas
mujeres que son mujeres
una y otra vez

todas las palabras en el mundo no pueden evitar
que este último brillo de otoño
grite
y se derrame
sobre el muerto suelo rojo

aún a ciegas yo continúo
más allá de la puesta de sol
donde bandadas de patinadores
arrojan ramos perfumados al viento

hasta que llego al fin
a las alas abiertas de Bethesda
mi propio ángel
fuente de gracia y paz

SCHUBERTIADE

To my father

Come softly
   Come along forgotten paths
      As a friend
         As the evening wanders home
            (baseline of rolling thunder)

Come softly
   Come with me   filling every crease and cranny with desire
      Ride on   song's steed of flame
            (thunderous the world)

Notes now steady sounding   stay us from some deathly fall...
    A moment
        Involuntary shudder
          Wrests your hand away
            (world has its way)
Come softly
   Come with me   come along forgotten paths
      A flame   you wrote in scores of pleading
       Give me
         Give me back that time of evening

My friend   your smile   and bitter

   Softly in notes I've lived

Motifs   passages   dark ones

   Repeating under

Life   setting finally   In the echoing sea

SCHUBERTÍADA

A mi padre

Ven suavemente
    Ven por senderos olvidados
        Como un amigo
           Cuando la tarde vaga hacia el hogar
                    (punto de partida del trueno)

Ven suavemente
    Ven conmigo   llena cada pliegue y orificio con deseo
      Cabalga   la canción es el corcel de la flama
                 (estruendoso el mundo)

Las notas suenan firmes   nos guardan de una caída mortal...
    Un momento
        Un estremecimiento involuntario
           Mueve tu mano bruscamente
              (el mundo tiene su manera)
Ven suavemente
      Ven conmigo   ven por senderos olvidados
         Una flama   escribiste tantas súplicas
         Dame
              Dame aquel tiempo de la tarde

Mi amigo   tu sonrisa   y amargor

    Suavemente en notas he vivido

Temas   pasajes   oscuros

    Repitiendo por debajo

La vida   se establece al fin   en el eco del mar

UP AGAINST IT

Words hemmed as years
welded a young girl's head
to some ceded body

Impulse sank as wells
to pitch fear
and when a bottle marked "Poison" came along
she drank it

Willows lash this tongue-tied Narcissus
who falls in and marries
the worst of the planet's thieves
then words hammed as wails

Walls signed by hand with Daddy's warnings
All's Hell and the best end at the bottom

Stakes of his pencil made a four cornered plot
body   soul
evil   good

Words there were none on her lower be half
or care to look at her own
only wanting   to love to
she ate it up

Closeted   corseted   closed captioned for the deaf
35 years inside the back door frame
pushing her arms up against it
when he took it away
she came out

ESTAR EN CONTRA

Palabras metidas como los años
soldadas a la cabeza de una niña
a algún cuerpo cedido

El impulso también enterrado
para el miedo obscuro
y cuando una botella marcada "Veneno" apareció
ella lo bebió

Varas azotan la lengua atada de esta Narciso
que se relaciona y se casa
con los peores ladrones del planeta
entonces las palabras la golpeaban como lamentos

Las paredes firmadas con las advertencias de Papá
Todo es Infierno y lo mejor acaba en el fondo

Las puntillas de su lápiz dibujaron un cuadro
cuerpo   alma
malo   bueno

No había ninguna palabra en el ser de su mitad inferior
ni cuidado para mirárselo
solo el querer   amar
ella se lo comió

Encerrada   encorsetada   cerrada   subtitulada para sordos
35 años metida detrás de la puerta
empujando sus brazos en contra de ésta
cuando él la quitó
ella se salió

She threw words across the

c

      i

               t

                    y

Dogs bark

It's not too late

Ella arrojó palabras por la

c
    i
       u
          d
             a
               d

Los perros ladran

No es demasiado tarde

Jessica Nooney

AL FRESCO
WARM BREAKFAST   FREE LUNCH

sensing the morn   luscious thing   wound wonder

I wander outside to see   how it springs

then sentence words to consensual courtship

pecking through eggshells   for new births   deaths

the moment is this   to remember forever

I swear by this stanza   I will

morning omelette is done   clouds wander in   folks shudder

trucks gridlock   chilly jackhammer city   urban sentence

a diner reminds me   that in the country   it is raccoons

blue jays   foxes   then he leaves

a pancake behind   which I bring to my table

my spring luscious morn   turns to cold   but free   lunch

AL FRESCO
DESAYUNO CALIENTE   ALMUERZO GRATIS

sentir la mañana   cosa deliciosa   enredándola

salgo para ver   cómo brota

luego sentencio las palabrás a un cortejo consentido

a picotear cascarones de huevo   para nuevos nacimientos   muertes

éste es el momento   para recordarse siempre

juro por esta estrofa   que lo haré

el *omelette* matinal está listo   las nubes vagan   la gente tiembla

camiones atorados   ciudad calada de frío   expresión urbana

un comensal me recuerda   que en el país   hay mapaches

urracas azules   zorras   luego él se marcha

un panqueque olvidado   que yo traigo a mi mesa

mi deliciosa mañana primaveral   se torna fría   pero almuerzo   gratis

Jessica Nooney

ROOM CHANGE AT THE GAY CENTER

Change is the present.
It's hard to think of it as a gift.
Change is in the cards.
Change is what you make
when you get something back
after paying too much.

Our writing group has suddenly been given
a different room to write in.

Down the hall guys sing together to the accordion.
Oh how they love to sing together
putting their real selves on stage
outrageous beyond belief.
Voices so strident irascible and mournful
they must have studied with Tom Waits and Hedda Lettuce.
On the other side of the wall
a boy is singing shadows of music,
cadences of regret.
Memory of songs sung through decades.
They are spinning golden legends
in the sadness as the sun sets
out all the many windows of this new room.
A room that is a change.

Distant skyscrapers turn gold now.
The voices.
Listen.
The voices muting as the sun goes down.
The faint human voices.
This new present.

CAMBIO DE SALÓN EN EL CENTRO GAY

El cambio es el regalo.
Es difícil pensar en él como un obsequio.
El cambio está escrito.
El cambio es lo que obtienes
cuando te devuelven algo
después de pagar de más.

A nuestro grupo de escritura de pronto le han dado
otro salón para escribir.

Al final del pasillo los chavos cantan con un acordeón.
Oh cómo les gusta cantar juntos
poniendo en el escenario su verdadero yo
más exuberante de lo que se cree.
Voces tan estridentes desenfadadas y tristes
que debieron estudiar con Tom Waits y Hedda Lettuce.
Al otro lado del muro
un muchacho canta sombras de música,
cadencias de lamentos.
Memoria de canciones cantadas durante décadas.
Están hilando leyendas doradas
en la tristeza cuando el sol se pone
afuera de las muchas ventanas de este nuevo salón.
Un salón que es un cambio.

Los rascacielos distantes se vuelven dorados ahora.
Las voces.
Escuchen.
Las voces enmudecen al ponerse el sol.
Las casi imperceptibles voces humanas.
Este nuevo regalo.

INSIDE AND OUTSIDE

Mercy me her own silk and salmon
Flesh of petals
Taste of roses
Dappled red yellow and blue
Mixing salmon shades on stems
Drawing daylight in through her window
To rest in turn
As infinite tonal fractions in an ochre urn

For now the woman's subject is flowers

Rose-centered day swirls darker
Petal embers' curly glow draws my eyes
Out through her window framing New York
Skyline   that dead tableau
Buildings not built up   but
Excrement   laid out in rows
The droppings of Giants
What have they eaten that gives it
The dull grey color

Money

She has a garden with some flowers she can tend
While her withering task is waiting for the end

ADENTRO Y AFUERA

Imagínate su propia seda y salmón
Carne de pétalos
Sabor a rosas
Moteadas rojas amarillas y azules
Tonos salmón mezclados en los tallos
Atraen la luz del día por su ventana
Para quedar a su vez
Como infinitas fracciones tonales en una vasija ocre

Ahora el tema de la mujer es las flores

El día alrededor de las rosas se torna más oscuro
El brillo rizado de los pétalos llameantes atrae mis ojos
Hacia afuera de su ventana que enmarca la silueta
de Nueva York   ese tablero muerto
No de edificios alzados   sino
De excremento   dispuesto en hileras
El desecho de los Gigantes
¿Qué han comido que le dan
Ese color gris opaco?

Dinero

Ella tiene un jardín con algunas flores que puede cuidar
Aunque su languideciente tarea es esperar el final

TWO VOICES

I'm in the money
which is always in the mail
I'm out of love
since my appetite has failed
I'm writing mean and nasty
always want to tease you
I eat candy bars and white bread
hoping to displease you
I'm in this for the pictures
of us long ago
I'm in this for the story
the song
the yawn
the show
I'm all on the surface
scratching the same old itch
so sit here my love
and I'll be your old mean Bitch!

SHE SMILES…

Honey lamb sweetie pie
cat rabbit little man
You always mean well
bless your little ditty
You get away with everything
because you are so pretty
you can't help yourself, can't do any better
because you see, you look
so gorgeous in your sweater

DOS VOCES

Estoy sobre el dinero
que está siempre en el correo
no estoy enamorada
dado que mi apetito ha fallado
estoy escribiendo mal y desagradable
siempre quiero molestarte
yo como caramelos y pan blanco
esperando que te disgustes
estoy aquí por las fotos
nuestras de hace mucho
estoy aquí por la historia
la canción
el bostezo
el espectáculo
estoy por toda la superficie
rascando la misma vieja comezón
así que siéntate aquí mi amor
¡y seré tu puta mala de siempre!

ELLA SONRÍE...

Dulzura pastelito
gato conejo hombrecito
Siempre tienes buenas intenciones
bendita sea tu cancioncilla
Huyes con todo
porque eres tan bonito
que no puedes evitarlo, ni lo puedes mejorar
porque mira, te ves
tan espléndido en tu suéter

Jessica Nooney

Thank you, dear Goddess
who sent you to me
Thank you for my poverty and extreme infirmity,
Thank you thank you
And Blessed Be
Blessed Be

Gracias, a la querida Diosa
que te envió hacia mí
Gracias por mi pobreza y mis achaques extremos,
Gracias gracias
Y Bendita Sea
Bendita Sea

AT 70

when is a pen as good as a sword
and paper pining for words
when you're an ecotourist stranded on a Virgin Island
with prissy water color ladies   astrologers   late day shamans
and sufis bringing messages from men who since long dead
will tell me something wiser than men I know today

and here I am on the beach at Great Maho Bay
the February calendar page of sea and palms
rock grey pelicans
swoop dive and eat   swoop dive and eat   like us
the sea from a slate blue horizon sequences forward with
Prussian blue ultramarine aqua and white
foaming up kindly
to warm my old cold feet

back in my tent
an obscure rock brown bird
fat as a ghost
visits me each day
I fear that she's bringing me a message
her beak
two chattering swords

she comes to tell me she's dying

A LOS 70

cuándo una pluma es tan buena como una espada
y el papel añora las palabras
cuando eres una eco-turista varada en una Isla Virgen
entre señoras alzadas que pintan acuarelas   astrólogos
                                    chamanes repentinos
y sufíes trayendo mensajes de hombres que dado que murieron
                                    hace tanto tiempo
me dirán algo más sabio que los hombres actuales

y aquí estoy en la playa en Great Maho Bay
la página del calendario de febrero con mar y palmeras
pelícanos gris piedra
se zambullen   sumergen y comen   zambullen sumergen y comen
                                    como nosotros
el mar desde un horizonte azul pizarra se sucede en
azul de Prusia   ultramarino   aguamarina   y blanco
espumándose amablemente
para reconfortar mis viejos pies fríos

de regreso en mi tienda
una obscura ave color marrón
gorda como un espíritu
me visita todos los días
temo que me trae un mensaje
su pico
son dos espadas parlanchinas

viene a decirme que ella se está muriendo

THE PRIDE OF THE YOUNG HOMEMAKER BRIDE

do you remember when you were in your late teens and never ate avocados but friends gave you their pits and you would go out and shop for toothpicks and a jar or glass with just the right opening to hold the edges of three toothpicks that sat riding from the precious pit which was suspended over enough water to provoke the white tendril roots from the split pit to descend into the water and if you didn't pay too much attention to it finally there was such a tangle of roots that something had to be done?

quick you ran to get some potting soil and a small planter and dug a hole and sank all the skinny white tendrils into the dirt and sank the large by now bifurcated pit halfway into the soil and it cost nothing and your husband never noticed

do you remember how you didn't forget to water the soil and were always sensitive to the needs of the avocado plant even when every sad day reaffirmed that your marriage had been a suicidal act and you would have to live out decades caught rootless and suspended over an arid land you still were proud when the green shoots unfolded upward and pale and tentative tiny leaves appeared...?

EL ORGULLO DE LA JOVEN AMA DE CASA

¿te acuerdas cuando estabas en la adolescencia y nunca comiste aguacates, pero los amigos te daban sus semillas y salías a comprar palillos de dientes y una jarra o un vaso con la abertura adecuada para sostener los extremos de tres palillos montados sobre el precioso hueso que estaba suspendido sobre suficiente agua para provocar que las raicillas blancas de la semilla partida descendieran y si no le prestabas demasiada atención, al final había tal maraña de raíces que había que hacer algo?

rápido corriste a conseguir tierra y una pequeña pala y cavaste un agujero y metiste todos los delgados zarcillos blancos en la tierra y hundiste la gran semilla ya bifurcada a medio suelo y no costó nada y tu marido jamás se dio cuenta

¿te acuerdas que no olvidaste regar la tierra y fuiste siempre sensible a las necesidades de la planta de aguacate incluso cuando cada día amargo reafirmaba que tu matrimonio había sido un acto suicida y tendrías que vivir por décadas atrapada sin raíces y suspendida sobre una tierra árida y todavía estuviste orgullosa cuando los brotes verdes se desplegaron hacia arriba y aparecieron pálidas y tentativas hojas diminutas…?

REMEMBER

perfection
early spring evenings in central park
you were the light on the lake
all the buds on all the trees   webbed the bright sky
we lived together for a time   waiting
the rambles were a trellis of warning lights
all the stars in all the trees fell into the lake

still we waited

we ate together often
these words were left on the table

the last time we washed the dishes
this poem remained in the sink

now I stem the flood of need and fury
rip out this page
ball it up   pitch it in the waste
tomorrow   I'll smooth it out again

I'll remember
perfection

RECUERDAS

la perfección
tempranas noches primaverales en central park
eras la luz en el lago
todos los brotes de todos los árboles   tramaban el cielo brillante
vivimos juntas un tiempo   esperando
las caminatas eran un entramado de luces de advertencia
todas las estrellas de todos los árboles caían al lago
                              todavía esperábamos
comíamos juntas a menudo
estas palabras quedaron sobre la mesa

          la última vez que lavamos los platos
este poema se quedó en el fregadero

ahora reprimo el torrente de carencias y furia
          arranco esta página
     la hago bola   la arrojo al cesto
mañana   la alisaré de nuevo

               recordaré
               la perfección

BUTTERFLY

The literally gasping moments
of terror
when night closes in around your absence.
Pinioned   (is that the word?)
as a butterfly on black velvet.
I wait for your call.

It comes
and so does my mishagos   (is that the way you spell it?).
The shame, the shame of always attempting to be born.
I am pinioned to the black velvet cloth of this night.
On your ring I do issue a soft cry
which releases the pin
releases these gorgeous phosphorescent wings
that carry me past all the fallen ginkgo leaves   on our block
our field, our shortest distance between two points.
Even now alighting on your door.

Ring me in darling.
Ring back.

MARIPOSA

Los momentos de terror literalmente
asfixiantes
cuando la noche se cierne sobre tu ausencia.
Alfileteada   (¿es ésa la palabra?)
como una mariposa sobre terciopelo negro.
Espero tu llamada.

Llega
y lo mismo hacen mis *mishagos*   (¿así lo deletreas?).
La vergüenza, la vergüenza de intentar nacer siempre.
Estoy alfileteada al manto de terciopelo negro de esta noche.
A tu llamada emito un sollozo
que libera el alfiler
libera estas espléndidas alas fosforescentes
que me llevan más allá de todas las hojas de ginkgo caídas
                                    en nuestra cuadra
nuestro campo, nuestra distancia más corta entre dos puntos.
Aún ahora posándose en tu puerta.

Llámame, cariño.
Vuelve a llamar.

PASSING OUT OF REACH

the sirens have begun in my head   i flee to the airport but
keep getting bumped from my flight   i hang on until they
let me up and when the plane climbs   i take out my laptop
to write a letter to you   *dear love   as i've said so many
times through the years i may be leaving you   i don't want
to hurt you but as you get sicker and sicker i have more and
more trouble being there by your side   i didn't call you for
so long because i had arrived on st john's and was well into
my healing meditation course   when i heard that you died
as you always worried (excessively) that you would   you
made good on your threat and i can't make good on mine
i can't go back and leave you ever again   there is no
return to our previous antagonisms   now that you're dead
i   want you with me as much as i always did when you
weren't with me*   i go everywhere in the world and spend a
couple of nights passed out on a park bench   then each
morning in a different capital city i mourn your passing with
a letter to you   *dear love   no stewardess can compare to
your delicate and unearthly beauty my love with her shy
come-on her years of service and empathy my love etc. etc.
etc.   after twenty years i finally risk giving you the idea that
i care, and sign it   love betty*   i feel i will pay for this
they bump me over and over (i intuit your hand in this) but
eventually i climb back into the air and sit in stiff rows of
humanoids and listen to your old phone messages i return
each one graciously and at length and live with one goal
t o   s t a y   i n   t h e   c l o u d s

SALIR FUERA DEL ALCANCE

las sirenas han comenzado en mi cabeza   huyo hacia el
aeropuerto pero sigo siendo echada de mi vuelo   resisto hasta
que me permiten subir y cuando el avión se eleva   abro mi
laptop para escribirte una carta   *amor querida   como te lo dije*
tantas veces en estos años quizás te deje   no quiero herirte
pero mientras más y más te enfermas tengo más y más
problemas para estar a tu lado   no te llamé en mucho tiempo
porque había llegado a san juan y estaba a gusto en mi curso
de meditación curativa   cuando supe que moriste como
siempre me dijiste (excesivamente) que sucedería   cumpliste
tu amenaza y yo no puedo hacer lo mismo   no puedo regresar
y dejarte otra vez   no hay vuelta a nuestros antagonismos
previos   ahora que moriste   yo te quiero conmigo tanto como
siempre cuando no estabas conmigo   voy a todas partes del
mundo y paso un par de noches desfallecida en la banca de un
parque   luego cada mañana en una capital distinta me
conduelo de tu partida con una carta para ti   *amor querida*
ninguna azafata puede compararse con tu delicada y celestial
belleza mi amor con su timidez vamos sus años de servicio y
empatía mi amor etc.   etc.   etc.   después de veinte años
finalmente me arriesgo a darte la idea que me importas, y la
firmo   amor betty   siento que pagaré por esto   me rechazan
una y otra vez (intuyo tu mano en ello) pero eventualmente me
vuelvo a elevar en el aire y me siento en tiesas hileras de
humanoides y escucho tus viejos mensajes telefónicos vuelvo
a cada uno de buena gana y a detalle y vivo con un objetivo
p e r m a n e c e r   e n   l a s   n u b e s

POLITICS AND HUMAN SUFFERING

POLÍTICA Y SUFRIMIENTO HUMANO

OBLIQUE SOLILOQUIES
LIVE FROM THE EGREGIOUS CRONE ZONE

City fried   The piper lied   Lowest paid of your pied paupers
        City trussed us for a turkey
              Diddled we young   near drowned in gravy
                  Sassy sisters spread for the Navy

Dear Mom,

     I'm at Rye Beach by the ocean. The days are beautiful
and full of squalor. Make no bones about it.   I'm always dizzy.
I miss you and all the rest.

                  Your Fondled Daughter Flossie

WRITTEN ON HER BACK SO DEEP IT CAME OUT
MY MOUTH

A little more heel and a little more lipstick
Stand up straight and don't grow up love
A little more eyes and a little less nose
Stuff it down and don't throw up love
Art and Money the hands of class girl
We gotta get born   Here's a slap on the ass girl
Don't: Narrow your blue eyes against the bad brown guys
        Narrow your nose for the Aryan pose
        Narrow your mind to be with your own kind
        Narrow your soul 'til your 1 % of the population owns
        99 % of the nation
DON'T: Swallow it

Dear Mom,

I think you love my best friend more than me. Did you tell
her to stop playing sex games with me and read *Vogue* with
you instead?

SOLILOQUIOS OBLICUOS
EN VIVO DESDE LA ÍNFAME ZONA DE LAS VIEJAS

Ciudad jodida El gaitero mintió La peor pagada de tus mendigos
    La Ciudad nos agarró de pavos
            Estafó a los jóvenes   casi nos ahogó en salsa
             Las hermanas cínicas se fueron a la Naval
Madre querida,
    Estoy en el mar en Rye Beach. Los días son hermosos y
llenos de miseria. No te preocupes. Siempre estoy mareada.
Te extraño a ti y a todos los demás.

                     Tu Manoseada Hija Flossie

ESCRITO EN SU ESPALDA TAN HONDO QUE SALIÓ A
MI BOCA

Un poco más de tacón y un poco más de lápiz labial
Párate derecha y no crezcas, mi amor
Un poco más de ojos y un poco menos de nariz
Trágatelo y no vomites amor
Arte y Dinero los recursos de una chica con clase
Tenemos que nacer   Aquí te va una nalgada, chica
No: Reduzcas tus ojos azules ante los chicos malos morenos
    Reduzcas tu nariz para parecer aria
    Reduzcas tu mente así estarás con los tuyos
    Reduzcas tu alma hasta que tu 1 % de la población sea
      dueña del 99 % de la nación
NO: Te lo tragues

Madre querida,
Creo que amas a mi mejor amiga más que a mí. ¿Le dijiste que
ya no hiciera juegos sexuales conmigo y que en lugar de eso
leyéramos *Vogue* contigo?

You never got me those fearless hands I asked for and now
it's too late. I've learned some really filthy songs this
summer.
Mom, I'm still dizzy.

                              Love ya,   Rowdy Mc Floss

Conned by fusion of mom and dad   as I am   ever will be had
for   giving   Never forgive the weeping Devil   standing on
the corner in his syrup of ash   Old Devil Balloon Man counting
His cash   ashes to ashes and dust to dust
Rattle your hand bones   egregious crone poems   rattle my
woman's bones   Cremature babies   message of ash

Dear Mom,
The weather is here on a dark sandy beach   I wish you were
fine or still with me as they fell out over and over too early
Then came a bill in the mail
I had forgotten him   taste the ashes   syrup of dust

I TELL YOU GRIEF IS BURIED NOWHERE

Nunca me diste esas manos audaces que yo pedí y ahora es
demasiado tarde. He aprendido algunas canciones de verdad
cochinas en este verano.
Madre, todavía estoy mareada.

Te amo,   Mc Floss la Indómita

Engañada por la fusión de madre y padre   como soy   nunca habrá
para   dar   Nunca perdonar al Diablo llorón   parado en
la esquina en su jarabe de cenizas   Viejo Diablo Hombre Globo
contando Su efectivo   las cenizas a las cenizas y el polvo al polvo
Truenan los huesos de tu mano   infames poemas de vieja
truenan mis huesos de mujer   Bebés creematuros   mensaje de ceniza

Madre querida,
El clima está aquí en una obscura playa de arena   Deseo que
estuvieras bien o aún conmigo ya que los perdí una y otra vez
demasiado pronto   Luego llegó una cuenta en el correo
Le había olvidado   prueba las cenizas   jarabe de polvo

TE DIGO LA PENA ESTÁ ENTERRADA EN
NINGUNA PARTE

We never went uptown unimaginable   fearful part of town

P O O R   A N D   D A N G E R O U S L Y   O T H E R

I remember
alleys with
clotheslines
I remember
being poor
air raids
nightmares
and
fear

In 1945 Dad went to Harlem and took photos. Jess - 2016

P O O R   A N D   D A N G E R O U S L Y   O T H E R

The people uptown were Irish   now Hispanic and African-American

A SPECULATION ON WHAT HAPPENED TO THE DAUGHTERS OF SYRIA 2013

As evening approaches I take my TV supine upon a divan. A Rembrandt painting appears on the screen. A golden glow plays around seven curly headed, beautiful little boys. The periphery of my screen is a gathering of turgid swirling grays and blacks always threatening the subject.   Neither I nor the blonde reporter can understand what's going on. She has found seven curly headed, beautiful little boys huddled in the back of a dark cave in Aleppo. They've been caught in the headlights of her BBC film crew. They must have lined up side by side when the lights penetrated to the back of this foul, airless, low cave. Before that, were they crying, were they fighting? "What are you doing here?" asks the reporter. Their eyes are enormous. The interpreter interprets, "We're waiting for our mothers," says the oldest who's thirteen.

Have they eaten their sisters and left the bones in their bombed-out homes?   Seven little boys.   Have their mothers gone forever? The government planes won't be able to find these seven little boys in a cave. Only a drone could find them, or a BBC film crew. Seven little boys. They must have eaten their sisters and left the bones in their bombed-out homes. Did their mothers leave them in this cave to go foraging for food as they say? The mothers won't be back because they've gone with their daughters. They've all been raped, or starved, or eaten. As I fall asleep, the swirling gray and black periphery of the screen annihilates the subject.

UNA ESPECULACIÓN ACERCA DE LO QUE PASÓ CON LAS NIÑAS DE SIRIA EN 2013

Cuando se acerca la noche, prendo mi televisor recostada sobre un diván. Una pintura de Rembrandt aparece en la pantalla. Un resplandor dorado juguetea alrededor de siete hermosos niños de cabello rizado. La periferia de mi pantalla es una confusión de grises y negros arremolinados que siempre apabullan al sujeto. Ni la reportera rubia ni yo podemos entender qué está pasando. Ella ha encontrado a siete hermosos niños de cabello rizado apiñados al fondo de una cueva oscura en Aleppo.   Han quedado atrapados bajo los reflectores del equipo de filmación de la BBC. Deben haberse puesto uno junto al otro cuando las luces penetraron la parte posterior de esta caverna estrecha, maloliente, sin aire. Antes de eso, ¿estaban llorando, estaban peleando? "¿Qué hacen aquí?", pregunta la periodista. Los ojos de ellos son enormes. El intérprete traduce: "Estamos esperando a nuestras madres", dice el mayor, que tiene trece años.

¿Se habrán comido a sus hermanas y dejaron los huesos en sus casas bombardeadas?   Siete niños pequeños. ¿Sus madres se han ido para siempre? Los aviones del gobierno no podrán encontrar a estos siete niños pequeños en una cueva. Solo un dron podría encontrarlos, o un equipo de filmación de la BBC. Siete niños pequeños. Debieron haberse comido a sus hermanas y dejaron los huesos en sus casas bombardeadas. ¿Sus madres los dejaron en esta cueva para ir a buscar comida como ellos dicen?   Las madres no volverán porque se han ido con sus hijas. Todas han sido violadas, hambreadas o devoradas.   Mientras me quedo dormida, la periferia de grises y negros arremolinados de la pantalla aniquila el tema.

CARNATION

I slandered my mother and am slandered
as my sons name my sins.
There is no shame in naming
but my dress is embarrassingly tight.
It rides up on me.

A woman leans against a building wearing a carnation.
She sees me.
I circle the block.
As I pass her
I put my hand over my own carnation.
I worry she's a he.

Truth is waiting, she leans against a lamp post.
Her red dress looks uncomfortably tight,
it rides up on her.

High in the sky
Fox Pictures directs his great river of stars.
His cartoon firmament,
Universal's flood washes me away.
Drowns me.

But look over there,
some women treading water.

Above the clouds are hundreds of screens,
each 2 feet from our faces.
On every screen barbarous lying innuendoes
entertain us:

CLAVEL

Calumnié a mi madre y soy calumniada
cuando mis hijos nombran mis pecados.
No hay vergüenza en nombrar
pero mi vestido está embarazosamente apretado.
Se me sube.

Una mujer se apoya contra un edificio y trae un clavel.
Ella me ve.
Doy vuelta a la manzana.
Cuando paso donde ella está,
pongo mi mano sobre mi propio clavel.
Me preocupa que ella sea un él.

La verdad está esperando, se apoya en una farola.
Su vestido rojo se ve incómodamente apretado,
se le sube.

En lo alto del cielo
Fox Pictures dirige su gran río de estrellas.
Su firmamento de caricatura,
la inundación Universal me arrastra.
Me ahoga.

Pero he aquí,
algunas mujeres flotan en el agua.

Sobre las nubes hay cientos de pantallas,
cada una a 2 pies de nuestras caras.
En cada pantalla, insinuaciones bárbaras y mentirosas
nos entretienen:

After 29 years Jim Carrey still takes care of his 3 obscenely
obese black sons cause his wife slept with a black dwarf on
their wedding night and then left him.

After 3 hours of macho mayhem Mel Brave Heart Gibson with
his bloody head half decapitated freezes in the sky due to
technical malfunction.

Dead. Not Dead.
Dead again. Never Dead.

It's killing and getting killed that brings in the money. War
makes the most money for its peeps & perps.

I watch as Truth slides down the building
slumps to the ground.
The mouth on her half severed head is a bloody carnation.

Universal Pictures got hold of her.

Luego de 29 años, Jim Carrey aún se ocupa de sus 3 hijos
negros obscenamente obesos pues su esposa se acostó con
un enano negro en su noche de bodas y luego lo abandonó.

Después de 3 horas de violencia machista, Mel Corazón
Valiente Gibson con su sangrante cabeza medio decapitada
se congela en el cielo por una falla técnica.

Muerto. No muerto.
Muerto otra vez. Nunca muerto.

Es matar y ser asesinado lo que atrae al dinero. La guerra
hace mucho dinero para sus creadores y perpetradores.

Observo cómo la Verdad se desliza edificio abajo
y se estrella en el suelo.
En su cabeza medio decapitada la boca es un clavel sangrante.

Universal Pictures se apoderó de ella.

DIGITAL DEATH LOVE

We The People   home watching
"It's too much"   we say to the TV
great chunks of flesh
ripped out of the arms
of a hapless passerby
by a pit bull over in Riverside Park
we're helpless
the raw bleeding chunks
like mealy red astro turf
the owner of the pit bull
makes futile attempts to pry
the dog's jaws loose from
the helpless victim on the ground
who has only those same arms
to protect his face the arms
stripped to the bone the footage repeats
forever start to finish start to finish
DEATH LOVE DEATH LOVE

cut click cut flick back and forth back and forth
dismembered flesh ripped away over and over and over
we watched the World Trade Towers fall
over and over up and down back and forth
in our living room

some turn into that pit bull
go to Iraq or Afghanistan and farther
they DO IT   DO IT   DO IT
until it comes down dead

"AGAIN" they say   "AGAIN" we say

MUERTE AMOR DIGITAL

Nosotros El Pueblo   observamos desde casa
"Es demasiado"   le decimos a la televisión
grandes trozos de carne
los brazos de un desventurado
transeúnte hechos trizas
por un *pit bull* en Riverside Park
estamos indefensos
los crudos trozos sangrantes
como exangüe barro rojo
el dueño del *pit bull*
hace intentos inútiles por destrabar
las mandíbulas del perro
de la víctima indefensa en el suelo
quien tiene solo esos mismos brazos
para proteger su rostro los brazos
desgarrados hasta los huesos el metraje se repite
interminablemente de principio a fin de principio a fin
MUERTE AMOR MUERTE AMOR

corte click corte película hacia atrás y hacia adelante y atrás
carne desmembrada desgarrada una y otra y otra vez
vimos caer las torres del *World Trade*
una y otra vez arriba y abajo adelante y atrás
en nuestra sala de estar

algunos se convierten en ese *pit bull*
van a Irak o a Afganistán y más allá
ellos LO HACEN LO HACEN LO HACEN
hasta morir

"OTRA VEZ" dicen ellos   "OTRA VEZ" decimos nosotros

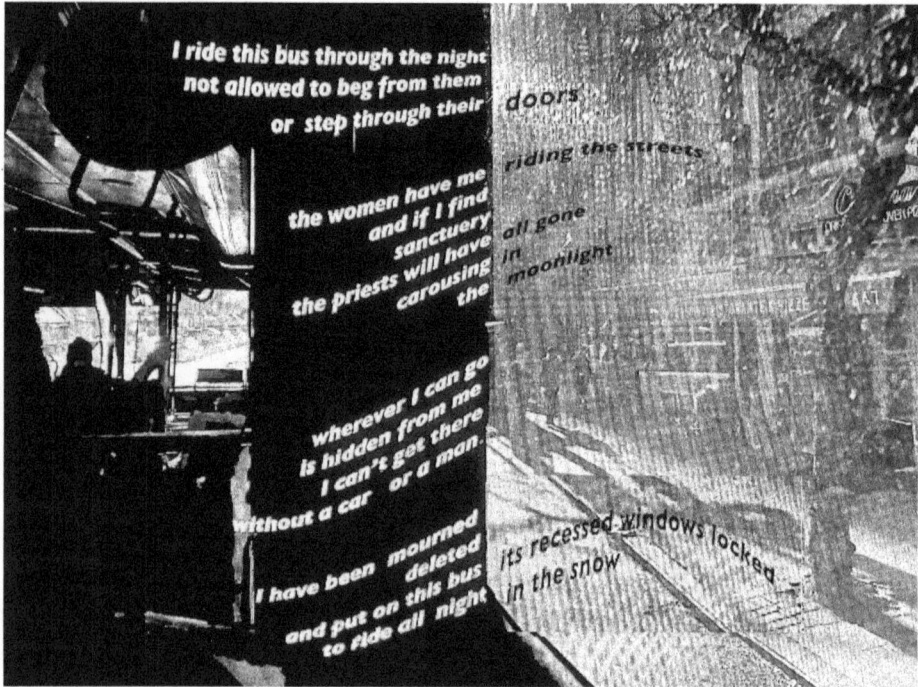

I ride this bus through the night
not allowed to beg from them
or step through their doors

riding the streets

the women have me
and if I find
sanctuary
the priests will have
carousing
the

all gone
in
moonlight

wherever I can go
is hidden from me
I can't get there
without a car or a man

I have been mourned
deleted
and put on this bus
to ride all night

its recessed-windows locked
in the snow

Viajo en este autobús a través de la noche
no se me permite rogarles
ni salir por sus puertas

las mujeres me tienen paseando por las calles
y si encuentro
refugio
los sacerdotes se habrán ido todos
de juerga a
la luz de la luna

dondequiera que yo pueda ir
es desconocido para mí
no puedo llegar
sin un auto   o un hombre

He sido velada
cancelada
y puesta en este autobús   sus ventanas empotradas selladas
para pasear toda la noche en la nieve

SOMEONE IN THE CITY

A lone Howler HeShe
Hunting for a life
Hunter and hunted
Thieving and stunted
Haunter and haunted

The Wolf of Spanish Harlem
Howler of the Bronx   the Lower East Side
HeShe of endless subterfuge and sport
True and false sufferer caught
In broken-down underground pathways

The Howler is sent to war to kill
When it comes home
It gets a seat on the subway
Now for its few last days
Somebody jumps up that wolf may sit

Can't help howling wolf says
Don't want to scare you good friends
But, you better beware   I am hurt I've been shot at
(Some cut a wide girth around me some not)
I limp and I bleed and I have never been my friend

I will bleed all over you
Embarrass you   bare ass you
bear sass you in excrement
'Til you raise eyes to the firmament
And pray your god takes care of you

ALGUIEN EN LA CIUDAD

Un solitario Aullador ElElla
Buscando una vida
Cazador y cazado
Despojador y atrofiado
Perseguidor y encantado

El Lobo del Spanish Harlem
El Aullador del Bronx   del Lower East Side
ElElla de interminables subterfugios y víctima
Verdadero y falso sufridor atrapado
En las vías subterráneas inservibles

El Aullador es enviado a la guerra para matar
Cuando llega a casa
Consigue un asiento en el metro
En sus pocos últimos días
Alguien se levanta para que el lobo pueda sentarse

No puedo dejar de aullar dice el lobo
No quiero asustarlos buenos amigos
Pero, mejor tengan cuidado   estoy herido me dispararon en
(Unos hacen una amplio círculo a mi alrededor otros no)
Cojeo y sangro y nunca he sido mi amigo

Me desangraré encima de ustedes
Avergonzaré   sus culos desnudos
Los revolcaré en excremento
Hasta que alcen los ojos al firmamento
Y rueguen que su dios se ocupe de ustedes

Jessica Nooney

NOT BEING ABLE TO DISTINGUISH
BETWEEN RAGS AND PEOPLE

I have two friends
a boy and a girl
never became a man and a woman
too poor

they have the same
ancient dish rags
so dirty so thin
like the Afghan refugees
after three weeks hiding in the hold
eighty souls on deck now
posing for a photo
grey rags

mass grave just unearthed in Albania
the group pressed into mud years ago
a foot here
ropes twisted around their wrists
and necks still

unearthly relic
of bones and rags
tell it
I can't

distinguish rags
from my poor friends
a breeze comes
almost touches them
but doesn't

INCAPAZ DE DISTINGUIR
ENTRE TRAPOS Y PERSONAS

Tengo dos amigos
un niño y una niña
nunca se convirtieron en un hombre y una mujer
demasiado pobres

ellos llevan los mismos
viejos harapos
tan sucios tan delgados
como los refugiados afganos
después de tres semanas escondidos en la bodega
ochenta almas ahora en cubierta
posando para una foto
trapos grises

una tumba masiva recién desenterrada en Albania
el grupo prensado en el barro desde hace años
un pie aquí
cuerdas todavía amarradas alrededor de sus muñecas
y cuellos

reliquia sobrenatural
de huesos y trapos
dilo
no puedo

distinguir entre trapos
y mis pobres amigos
llega una brisa
casi los toca
pero no

ANTI-AMERICAN ACTIVITIES

For Julian Assange, Chelsea Manning and Edward Snowden

Start from back there
Nowhere   1954
As nothing I'm a modern dancer
And a deep sympathizer
Of everything Russian
Start from there   Mid Times Square
Squalid a start and gross
Misery of High School
Of Performing Arts
Ricocheting Rockettes
Overwhelmed   I fell mute
Harrowing teenage know-nuthen years
McCarthy browbeats us from a radio at *Horn & Hardart*
Hunting out un-Americans
Is there life after high school
Not much

Start from here
2014 at the gay center
Old people writing around a table
Listen   to pens tapping   sighs
Air conditioning   head scratching
A nervous system of minor distractions
Stop it all
Come to a halt

Honor our three heroes now
Let the rest go

ACTIVIDADES ANTI-ESTADOUNIDENSES

Para Julian Assange, Chelsea Manning y Edward Snowden

Comencemos desde entonces
En ninguna parte   1954
De pronto soy una bailarina moderna
Y profunda simpatizante
De todo lo ruso
Hay que comenzar desde allí   a medio Times Square
Un comienzo precario y vulgar
Miseria de la escuela secundaria
De las artes escénicas
Rutilantes *Rockettes*
Abrumada   enmudecí
Adolescente horrorizada en años ingenuos
McCarthy nos sermonea desde la radio en *Horn & Hardart*
Cazando anti-estadounidenses
¿Hay vida después de la escuela secundaria?
No mucha

Comencemos desde aquí
2014 en el centro gay
Adultos mayores escribiendo alrededor de una mesa
Escuchan   el golpeteo de las plumas   suspiros
Aire acondicionado   rascar de cabezas
Un sistema nervioso de distracciones menores
Detengan todo
Hagan una pausa

Honremos a nuestros tres héroes ahora
Dejen todo lo demás

SOFT LIGHT IN THE COUNTRY

Black and white photo from over forty years ago
Three small children sit in a porch hammock
My six year old on the right looks confidently bemused
The gorgeous one in the middle is my younger son
Indescribable charm   conquering smile

The girl on the left   the smallest   is a visitor
She clutches the side of the hammock
Her eyes tell us she might fall
No one puts an arm around her
In fact the winning charmer next to her
His shoulders four square
Edges the small girl out

Three children   excruciatingly innocent
Three sets of eyes   speak to me now

SUAVE LUZ EN EL CAMPO

Foto en blanco y negro de hace más de cuarenta años
Tres niños pequeños sentados en una hamaca del porche
Mi hijo de seis años a la derecha se ve decididamente seguro
El hermoso de en medio es mi hijo menor
Encanto indescriptible   sonrisa cautivadora

La chica a la izquierda   la más pequeña   es una visita
Se sujeta de la orilla de la hamaca
Sus ojos nos dicen que podría caer
Nadie la rodea con un brazo
De hecho, el atractivo seductor junto a ella
Con hombros firmes
Empuja a la pequeña hacia afuera

Tres niños   insoportablemente inocentes
Tres pares de ojos   me hablan ahora

MY MOTHER DIES

The letters flash on this paper   A primitive code
Morse...or re-Morse...dots and dashes where love should have been
I remember her soft skin   high cheekbones   fine and forbidding
She had a passion for feeling good about herself......did she?
She loved the beautiful girl cousins and my best girlfriend from school
But me?   I hadn't the will to decipher a love so coded

Love that braided my hair so tight my eyes slanted
Braids curled around and around and around
And with enormous (hard to find) black hairpins
She dug deep into my skull
As the buns were anchored to my scalp
(she must have seen a picture of that girl)
She didn't like words (she told me)
Preferred music   (I don't blame her for that)

My Mother Dies

Why put it that way...in a continuum of events?
       Because around this time an old woman is coming to
                     make love to me

          These words need to set twenty minutes
            Then bake in a warm oven for two hours

MI MADRE MUERE

Las letras parpadean en este papel   Un código primitivo
Morse...o re-Morse...puntos y rayas donde el amor debería estar
Recuerdo su piel suave   pómulos altos   bellos y severos
Tenía pasión por estar bien consigo misma...¿lo estaría?
Amaba a las primas bonitas y a mi mejor novia de la escuela
¿Pero yo?   No tenía ganas de descifrar un amor tan codificado

Amor que trenzaba tan apretado mi pelo hasta alzarme los ojos
Las trenzas daban vueltas alrededor y alrededor
Y con enormes pasadores negros (difíciles de encontrar)
Ella cavaba profundamente en mi cráneo
Hasta que los chongos se anclaran en mi cuero cabelludo
(Ella debió haber visto una foto de esa chica)
A ella no le gustaban las palabras (me dijo)
Prefería la música   (no la culpo por ello)

Mi Madre Muere

¿Por qué ponerlo de este modo...en un continuo de eventos?
        Porque a esta hora una anciana viene a
                                hacerme el amor

            Estas palabras necesitan reposar veinte minutos
            Luego cocinarse en un horno caliente por dos horas

PORTRAIT OF HER FATHER'S VICTIM

grief stricken   (starving?)
shot against a waterfall
of ancient photographs
all lost children
tumbling down with edges
of broken eggshells

her face a Teutonic map of plans
still I am growing up she tells me
the blue of her eyes wash upwards
widen beyond my lens opening

I'd like to make love to her
but she flees the frame faster
than I can change stops
I don't do that she tells me
this text becomes the texture
of her portrait

I'll print it for her in large format (13x19?)
show the arterial highways of her head
traveling out like a cry wandering
across the world

RETRATO DE LA VÍCTIMA DE SU PADRE

dolor afligido (¿se muere de hambre?)
disparo contra una cascada
de fotografías antiguas
todas de niños perdidos
tambaleándose contra las orillas
carcomidas

su rostro es un mapa teutónico de planes
todavía estoy creciendo me dice ella
el azul de sus ojos se lava en lo alto
se ensancha más allá de la abertura de mi lente

Quisiera hacerle el amor
pero huye del encuadre más rápido
de lo que yo puedo cambiar de posiciones
yo no hago eso me dice
este texto se convierte en la textura
de su retrato

Lo imprimiré para ella en formato grande (¿13x19?)
para mostrar las autopistas arteriales de su cabeza
viajando como un grito errante
por el mundo

3 STORIES IN 1

The mouse she had to feed
and keep for weeks in a tiny fish bowl
until her son's California King Snake in his big terrarium
should finally take his meal

The little woman married 40 years
kept in the house for when the drunken sot
should want to come home and take his pleasure
before or after throwing up

For centuries we herd into big cities
The earth heats up   the waters rise   millions drown
The perpetrators - all rich enough
move to paradise on higher ground

3 HISTORIAS EN 1

El ratón que ella tenía que alimentar
y mantener durante semanas en una pequeña pecera
hasta que la serpiente California King en el gran terrario de su hijo
tomase finalmente su comida

La mujercita casada 40 años
guardada en el hogar para cuando al borrachín
se le antojase volver a casa y tomar su placer
antes o después de vomitar

Durante siglos nos amontonamos en grandes ciudades
La tierra se calienta   las aguas se elevan   millones se ahogan
Los perpetradores - todos suficientemente ricos
se mudan al paraíso   en tierras más altas

RAINBOW THE CONVERSION

ARCO IRIS LA CONVERSIÓN

VERMILLION THE SUN   RAINBOW THE CONVERSION
COBALT THE SEA

she wants to
on a blank paper   after having rolled in paint
VERMILLION   CADMIUM   COBALT BLUE
tits ass   thighs   kissing the sheet
of gorgeously expensive Arches   Hot Press   140-pound weight
rolled as Cleopatra in a carpet
to plan her own coming out party
on paper   before you   NOW

she loves to   write in with pauses   without commas
come closer   now scale the lucite wall   fall to rest by the ocean
she dreamed all mixed up and sad

what she wanted to do was retrieve her hat rolling down the beach
a man ran after it and brought it back to her
she had been pretending to chase her own hat
but had given up   the waves kept coming in

why does the woman not want her hat
retrieved by men anymore
why did she ever   she had wanted   to love to

a woman is coming out on the deck now
she's signaling she wants her
to come and try out for the lesbian part
she knew that part had always been waiting for her
in this last scene she does truly love

she truly loves to

BERMELLÓN EL SOL   ARCO IRIS LA CONVERSIÓN
AZUL COBALTO EL MAR

ella quiere
sobre un papel en blanco   luego de haber embarrado pintura
BERMELLÓN   CADMIO   AZUL COBALTO
tetas   trasero   muslos   besar la hoja
del suntuosamente caro Arches   Prensado   de 140 libras
enrollado como Cleopatra en una alfombra
planear su propia fiesta de salida del armario
sobre el papel   ante ti   AHORA

ella ama   escribir con pausas   sin comas
acércate   escala ahora el muro de acrílico   descansa junto al mar
ella soñaba todo eso revuelto y triste

ella quería recuperar su sombrero que rodaba por la playa
un hombre corrió por él y se lo devolvió
ella había pretendido perseguir su propio sombrero
pero se rindió   las olas seguían llegando

por qué la mujer no quiere que su sombrero
le sea devuelto por hombres nunca más
por qué ella jamás   había querido   amar a

una mujer aparece sobre el muelle ahora
le hace señas pidiéndole que
venga y pruebe la parte lesbiana
ella supo que esa parte siempre la había estado esperando
en esta última escena ella ama verdaderamente

ella verdaderamente ama a

CROSSING OVER

She puts her cool morning hand to her head
Cranium stuffed with old lovers
All straining to get out   men
Come back all of you   kiss me goodbye
You forgot   before you went off to work that day

Time is ripe now for Post Nursery Rhyme
Pumpkin-like bad girls and vampire mushrooms
Lush mooney moms riding on high
Between witches thighs
Like yours dear   thought I

(altered traditional English nursery rhyme to be sung)

Old woman, old woman, old woman said I
Where are you going to up so high?
To brush the cobwebs out of the sky,
But I will be with you by and by.

Where are you going all night on your gander?
Old woman, my woman, why do you wander?
I soon will be with you over and under
Upstairs and downstairs you will be led
With my ravishing beak, I soon will thee wed.

Your white downy breast arches to me.
Your thighs clasp your broomstick as I would clasp thee.
My ravishing beak will be yours don't you see.
I'm your old woman now — Set the kettle for tea.

TRAVESÍA

Ella pone su mano yerta de la mañana sobre su cabeza
El cráneo atiborrado de viejos amantes
Todos esforzándose por salir   hombres
Vuelvan todos ustedes   denme un beso y adiós
Lo olvidaron   antes de irse a trabajar aquel día

El tiempo ahora es propicio para una Post-Canción Infantil
Mujeres malas como calabazas y hongos vampiros
Exuberantes madres de fantasía cabalgando en lo alto
Entre muslos de brujas
Como los tuyos querida   pensé yo

(rima infantil tradicional inglesa alterada para cantarse)

Anciana, anciana, anciana dije yo:
¿A dónde subirás tan alto?
A cepillar las telarañas del cielo,
Pero estaré contigo al rato.

¿A dónde irás toda la noche sobre tu ganso?
Anciana, mujer mía, ¿por qué das vueltas?
Pronto estaré contigo por encima y por debajo
Escaleras arriba y escaleras abajo serás llevada
Con mi pico encantador, pronto me casaré contigo.

Tu pecho blanco y suave se arquea hacia mí.
Tus muslos aprietan tu escoba como yo te apretaría.
Mi pico encantador será tuyo, ¿no lo ves?
Yo soy tu anciana ahora — Prepara la olla para el té.

COMING OUT POEM WITH THREE ACTS:
"BUTTS", "IFS", and "ANDS"
IN THE FIRST ACT SHE'S THE BUTT OF HER YEARS

Raised at T.S.Eliot's knee
He was her *Grateful Dead*
Oh Papa   Those were butt years

Act 2 - Another life - as if - as an "if"
Answering fistfuls of personals in the *Village Voice*
Women Seeking Women   they say - "You only need one woman"
Here she's writing one poem
In this stanza sitting alone in *Rubyfruit's*
Single scene of second-hand smoke - third-hand conversations
Off hand women - their hands off - not by her design - but by 58
It seems to her   If....is anyone looking

Act 3 *Land's End*
Grow old along with me!   She wanted that with old T.S.
But she's in a cafe at *Lord and Taylor*
Writing a poem in a sea of dazed and angry and gorgeous women
They come and go
They're not talking of Michelangelo
Cause he's a fuckin' Ninja Turtle
The joke's on you old Tough Shit Eliot - old prissy butt head
God I hate you

Her back is literally up against the Coach bags scribbling away
Desperately seeking a Gap to fall into
She'll play the Lord or the Taylor   no matter
Let us go then, you and I,

POEMA DE SALIDA DEL ARMARIO EN TRES ACTOS:
"PEROs", "SIs", e "Ys"
EN EL PRIMERO ELLA ES EL CULO DE SUS AÑOS

Criada en la rodilla de T.S.Eliot
Él era su *Grateful Dead*
Oh Papá   Esos fueron años culeros

Acto 2 - Otra vida - como si - como un "si"
Contestando puñados de anuncios personales en el *Village Voice*
Mujeres Buscando Mujeres   dicen - "solo necesitas una mujer"
Aquí está ella escribiendo un poema
En esta estrofa está sentada solitaria en *Rubyfruit's*
Escena única de humo de segunda - conversaciones de tercera
Mujeres displicentes - manos caídas - no por gusto - sino por 58
A ella le parece   Si... ¿Alguien está mirando?

Acto 3 - *Land's End*
Envejece junto a mí! Ella quería eso con el viejo T.S.
Pero ella está en un café en *Lord and Taylor*
Escribiendo un poema en un mar de mujeres ofuscadas,
                                       enojadas y hermosas
Vienen y van
No están hablando de Miguel Ángel
Porque él es una puta Tortuga Ninja
La broma está en ti viejo Terco Sucio Eliot - viejo cabeza de
                                       culo remilgado
Dios te odio

Su espalda está literalmente contra las bolsas *Coach* garabatea
Buscando desesperadamente un *Gap* para caer en él
Ella interpretará al Lord o a Taylor   no importa
Vayamos entonces, tú y yo,

To some *Banana Republic*   set the mermaids free   she'll push
                                                    the hand
of the warm Gulf Stream between their parted thighs

She'll take on all butts for the and of her years
And here is the And of her Acts

A algún *Banana Republic*   a liberar a las sirenas   ella
                                                         meterá la mano
de la cálida Corriente del Golfo entre sus muslos abiertos

Tomará todos los culos para el final de sus años
Y aquí está el Final de sus Actos

LETTER FROM ABROAD
TO MY STRAIGHT WOMAN'S GROUP

I string together words to make a necklace
I make it for a peacock when she goes rowing
I hear my mother's steel needles click as she knits her face

I string together words to make bracelets
That bind me to the bedpost
Oh lick me as I scream

I string together words and distribute them as pamphlets
About women's power being within her always
I hear a million needles knit movies and sitcoms that say the
                                                    opposite

I string these words for Nina, Norma, Jane, Harriet and Cori
And you'll each—I know you will—give me a kiss
We will meet and write and one day finally touch and rest

A man on the adjacent balcony is forever
Scrubbing something this Easter Sunday in Geneva
It's his world and I'm stringing beads in a language never
                                                    spoken here

When I return to you my poems will be hooks that elicit your
                                                    laughter
Shakes the ground flashing DANGER   my heart pounding SEX
Being only dreamed of with Nina, Norma, Jane, Harriet or Cori

CARTA DESDE EL EXTRANJERO
PARA MI GRUPO DE MUJERES HETEROSEXUALES

Enlazo palabras para hacer un collar
Lo hago para una pavo real cuando ella se deja ver
Escucho sonar las agujas de acero de mi madre mientras teje
su rostro

Enlazo palabras para hacer pulseras
Que me aten al poste de la cama
Oh lámeme mientras grito

Enlazo palabras y las distribuyo como panfletos
Acerca del poder de las mujeres que está en ellas siempre
Escucho un millón de agujas que urden películas y comedias
que dicen lo opuesto

Escribo estas palabras para Nina, Norma, Jane, Harriet y Cori
Y cada una de ustedes—sé que lo harán—me darán un beso
Nos reuniremos y escribiremos y un día finalmente nos
tocaremos y descansaremos

Un hombre en el balcón contiguo está siempre
Tallando algo este Domingo de Pascua en Ginebra
Es su mundo y yo estoy enlazando cuentas en un idioma que
no se habla aquí

Cuando regrese con ustedes, mis poemas serán anzuelos que
harán que su risa
Estremezca la tierra parpadeando PELIGRO   mi corazón
palpitante SEXO
Que solo he soñado con Nina, Norma, Jane, Harriet o Cori

Jessica Nooney

I WISH I HAD BEEN ALLEN GINSBERG AND

he had been me
That would have served the guy right
And served me even better

Oh Allen I hope your mother did nothing cruel to you
If I had been your mother I would have been insane
I would have been a communist
And married a poet

This mother and I
We never stood a chance
We both got a bad rap

Loving my gay son so much
confuses me about how much I love myself

I wish I had been Walt Whitman and
he had been me
I'd get the best of that bargain
I would have had breasts and a beard
I might Google his mother

We are mothers of gay sons
So courageous   They blazed the path

QUISIERA HABER SIDO ALLEN GINSBERG Y

que él hubiera sido yo
Eso hubiera sido útil para el chico
Y aún más útil para mí

Oh Allen, espero que tu madre no te haya hecho ninguna crueldad
Si yo hubiera sido tu madre, me hubiera vuelto loca
Hubiera sido comunista
Y me hubiera casado con un poeta

Esta madre y yo
Nunca tuvimos oportunidad
Ambas tuvimos un mal rato

Amar tanto a mi hijo homosexual
me confunde acerca de cuánto me amo

Quisiera haber sido Walt Whitman y
que él hubiera sido yo
Hubiese obtenido lo mejor de ese trueque
Hubiese tenido pechos y barba
Podría haber buscado en Google a su madre

Somos madres de hijos homosexuales
Tan valientes   Ellos alumbraron el camino

CLICK AND DRAG AT MOTHERS'

Mothers' is a gay bar and they're asking you to park it
Click and drag at Mothers'   beefcake for the meat market
My mother was a Drag Queen   chic and haute couture
Darling I ate my heart out
while the gay guys roared for more
I feel the blast of Drag Queen rage
I've turned to anger at every age

Now I'm gonna take the stage
Like a civic minded, responsible, thrill seeking babe*
I'll defend the right of my mother to keep what's hers

Defend her against Althea Loveless
Tears for Fears and Psychedelic Furs

I'm having fun at men's expense as they have had at mine
My Drag King personae is "cut them up" sublime

Leave martyrdom to the followers of Kitty Boots Couture
Leave guys to their demise and let's make the race pure

What if the women atomized all the men
No more computer upgrades   mass murders
hot dog vendors and then…

If you need copies of this or just more of the same
My flyers say it   Jessica Rabbit Domination is my name

But if you want to join me at a truer alma mater
I can now be reached by women only at Jessie Gertrudesdatter

HAZ CLICK Y ARRASTRA EN *MOTHERS'*

Mothers' es un bar gay y están pidiendo que te quedes
Haz click y arrastra en *Mothers'*   cuerpazo para la carnicería
Mi madre fue una *Drag Queen*   elegante de alta costura
Querida me tragué mi corazón
mientras los muchachos gay rugían por más
Siento la explosión de ira de la *Drag Queen*
he vuelto a la ira en todas las edades

Ahora tomaré el escenario
Como chica de espíritu cívico, responsable, que busca emociones*
Defenderé el derecho de mi madre a conservar lo suyo

Defenderla contra *Althea Loveless*
Tears for Fears y *Psychedelic Furs*

Me divierto a costa de los hombres como lo hicieron conmigo
Mi personaje *Drag King* es "friégatelos" sublime

Dejemos el martirio para los seguidores de *Kitty Boots Couture*
Dejemos morir a los hombres y hagamos la raza pura

Qué pasaría si las mujeres exterminaran a todos los hombres
No más actualización de computadoras   ni asesinatos masivos
ni vendedores de hot dogs y entonces…

Si necesitas copias de esto o más de lo mismo
Mis volantes lo dicen   me llamo Jessica Rabbit Dominación

Pero si quieres unirte a mí en una verdadera alma mater
Estoy disponible solo para mujeres en Jessie Gertrudesdatter

167

Two dollars with this invite three dollars for others

Click and drag click and write

Click and fight for Mothers

*Valerie Jean Solanas, *SCUM Manifesto* (1967)

Dos dólares con esta invitación y tres para los demás

Haz click y arrastra haz click y escribe

Haz click y lucha por las Madres

*Valerie Jean Solanas, *SCUM Manifesto* (1967)

POETIC FORMS

FORMAS POÉTICAS

ANAPHORA RAP

Anaphora's the prob
The to be done job
Repeating the first line
Repeating it each time

LIKE

I don't like it   my relation to men
I never liked it   now or then
I don't like it   the power imbalance
Me playing Little Bo Peep to their Jack Palance

   I don't like it   those two decades of marriage
   First came fear   then the baby carriage
   Miscarriage miscarriage   another baby carriage
   I don't like it   that my honors in Physics
   Meant shit next to my incompetent cervix

      They fed me lots of info on brands of soap
      I don't like it the way they roped this dope
      Lots of info for wifey on what to buy
      Since I bolstered their economy they gave me their eye

         I packed it up and joined a fairer nation
         I live in a woman's world of our creation
         I like it   that you're you and I'm a dyke

         I like it   that I can say what I don't like

                  I LIKE IT HERE

RAP DE LA ANÁFORA

Anáfora es el reto
El trabajo completo
Repetir la línea primera
Repetirla de esta manera

TIPO

No me gusta   mi relación con los hombres
Nunca me gustó   ahora ni entonces
No me gusta   el poder sin balance
Hacerla de Little Bo Peep para su Jack Palance

No me gustan   aquellos veinte años casados
Primero fue el miedo   luego pasear al chavo
Aborto aborto espontáneo   y otra vez a pasear al chavo
No me gusta   que mis estudios de Física
Fuesen nada contra mi matriz poco prolífica

Me informaron mucho sobre marcas de jabón
Detesto el modo cómo me llevaron al rincón
Mucha información acerca de lo que compraba
Reforcé su economía y ellos me dieron su mirada

Dejé atrás eso y me uní a una más justa nación
Vivo en un mundo de mujeres que es nuestra creación
Me gusta   que tú seas tú y que yo sea una lesbiana

Me gusta   que yo puedo decir lo que me da la gana

ME GUSTA AQUÍ

REMAINS OF AN AUTOBIOGRAPHICAL POEM
(thought to have once been a sestina)

Marjorie Morningstar - 1956

At Stephen Wise Synagogue she marries infinite
Suffering that brings all women's sins home
To her body for redemption through pain.
For the next twenty years she never feels but silence
beneath her corset stays.
Christ, who had asked her to dance that part?
But the sky is full of women and the earth is full of fallen stars.

Sappho - 1968

The women in her poetry class walk the neighborhood in silence.
She wants to write about what she saw,
the Homeless verses the All-American Whiteman Stars.
Back to the YMCA to write a sestina, a process of pain
Her dance studio over the stable was her former part
Now there's a bank and the Disney Chain.
Blocks demolished in their thrust to INFINITY.

Old Mother Hubbard - 1983

Old Mother Hubbard lived in a shoe.
Had so many children she chain smoked.
The 67th street playground has no toilet so our star
tries to pee at Tavern on The Green.
Can't pay, can't stay. She goes in the bushes.
Inside his pumpkin shell, in her infinite poverty, she could do diddley.
Actually they only ate crap at home.

RESIDUOS DE UN POEMA AUTOBIOGRÁFICO
(con la intención de que alguna vez fuese una sextina)

Marjorie Morningstar - 1956

Se casa en la sinagoga de Stephen Wise con un infinito
Sufrimiento que trae a casa todos los pecados de las mujeres
Hacia su cuerpo para la redención a través del dolor.
Los siguientes veinte años ella nunca siente sino silencio
debajo de las costuras de su corsé.
Cristo, ¿quién le había pedido que bailara esa parte?
Pero el cielo está lleno de mujeres y la tierra está llena de
                                                    estrellas caídas.

Sappho - 1968

Las mujeres de su clase de poesía recorren el barrio en silencio.
Ella quiere escribir acerca de lo que vio,
Los versos de los Desamparados las Estrellas Todo
                            Americanas del Hombre Blanco.
De vuelta a la YMCA para escribir una sextina, un proceso
                                                    doloroso
Su estudio de baile sobre el establo fue el comienzo
Ahora ahí hay un banco y la cadena de Disney.
Manzanas demolidas en su avance hacia el INFINITO.

Vieja Madre Hubbard - 1983

La Vieja Madre Hubbard vivía en un zapato.
Tenía tantos hijos que ella fumaba en cadena.
El área de juegos de la calle 67 no tiene baño así que nuestra
estrella intenta orinar en *Tavern on The Green*.
No pagas, no entras. Ella se mete entre los arbustos.
Dentro de su cáscara de calabaza, con su pobreza infinita,
                                        ella no podía hacer nada.
De hecho, en casa solo comían porquerías.

THREE NON NONETTES

When
monsoon
season comes
ponds in Butan
swell like pregnant girls
swell like long howling screams
such a swelling pond is called a
"ma"

Pond
at the
bottom of
my heart where blood
collects in danger
of clotting and causing
stroke   my heart is not strong
I could tell you that long ago whenever I dared look

Joan
I love
a couple
Joans I have loved
straight Joans   make me Jack
the crooked one   I thought
women slept with men because
they did not know any lesbians
WRONG

TRES NO NOVENAS

Cuando
llega la época
de los monzones
los estanques en Bután
se dilatan como chicas embarazadas
se expanden como prolongados gemidos aullantes
un estanque así es llamado
"ma"

Estanque
en el
fondo de
mi corazón donde la sangre
se acumula con riesgo
de coagularse y ocasionar
un derrame   mi corazón no es fuerte
pude decírtelo hace mucho cuando me atrevía a mirar

Amo
a Joan
a un par
de Joans he amado
Joans heteros   me hacen Jack
el chueco   pensé
que las mujeres dormían con hombres porque
ellas no conocían ningunas lesbianas
FALSO

QUATRE CINQUAINS

Poor Aunt
never married
she had her Pall Malls   her
sherry   her superb paintings she
left me.

Windows
locked tight in March
chattering reflections
of what's down 8th St.   Sue and I
kissing.

The rate
of extinction
was one species each five
years.   Now it's one
species each nine minutes.

Know why
there are more of
them than there are of us?
They keep their women under house
arrest.

QUATRE CINQUAINS

Pobre Tía
nunca se casó
tenía sus *Pall Malls* su
sherry sus magníficas pinturas que ella
me dejó.

Ventanas
bien cerradas en marzo
intercambiando reflexiones
de lo que hay abajo de la calle 8va. Sue y yo
besándonos.

La tasa
de extinción
era una especie cada cinco
años. Ahora es una
especie cada nueve minutos.

¿Sabes por qué
hay más de
ellas que nosotras?
Ellos tienen a sus mujeres bajo arresto
domiciliario.

Jessica Nooney

Jessica Nooney was born in Manhattan in 1938, the year of *Kristallnacht*. The only child of a Jewish mother who was a classical pianist and an Irish Baptist father turned atheist painter-photographer. She studied dance, physics, literature and poetry at Juilliard, Bard College and Hunter College and graduated in 1976. After a career in modern dance, she's been involved to this very day in computer graphics, painting and poetry.

Jessica won the "Best Emerging Poet" award at the LGBT Center in Manhattan in 1994 where she gave a solo performance of her works.

Her poems have been included in the following anthologies: *Riverside Poets*, New York, 2014 to 2018 editions; *Parkside Poets* New York, 2013 to 2018 editions, and *Wild Angels Poetry Anthology* 2004 - 2010.

Jessica Nooney has performed her *spoken word* poems with *The Womanshare Collective* at the Cornelia Street Café in 2009. She has been a featured poet and has read her work several times in poetry venues in Manhattan and Brooklyn such as: *The West Side Arts Coalition* on Broadway, New York, in 2016 and 2017; *The Riverside Poets* from 2015 to 2018; and in *The Three of Cups* in 2017.

She has displayed her visual poetry in art shows at *The West Side Arts Coalition* in 2015, 2016, 2017.

Jessica Nooney

Jessica Nooney nació en Manhattan en 1938, el año de la *Kristallnacht*. Fue hija única de una madre judía pianista clásica, y de un padre bautista irlandés convertido en pintor-fotógrafo ateo. Estudió danza, física, literatura y poesía en Juilliard, en el Bard College y en Hunter College y se graduó en 1976. Después de una carrera en danza moderna, ella se ha desenvuelto hasta el día de hoy entre el arte digital, la pintura y la poesía.

Jessica ganó el premio a la "Mejor Poeta Emergente" en el Centro LGBT de Manhattan en 1994, donde realizó una presentación individual de sus obras.

Sus poemas han sido incluidos en las siguientes antologías: *Riverside Poets*, Nueva York, ediciones 2014 a 2018; *Parkside Poets*, New York, ediciones de 2013 a 2018, y *Wild Angels Poetry Anthology* 2004 - 2010.

Jessica Nooney ha presentado sus poemas de *spoken word* con *The Womanshare Collective* en el Cornelia Street Café en 2009. Ha sido poeta destacada y ha leído su obra varias veces en lugares de poesía en Manhattan y Brooklyn, tales como: *The West Side Arts Coalition* en Broadway, Nueva York, en 2016 y 2017; *The Riverside Poets* de 2015 a 2018; y en *The Three of Cups* en 2017.

Ella ha exhibido su poesía visual en exposiciones de arte en *The West Side Arts Coalition* en 2015, 2016 y 2017.

Jessica Nooney

Acknowledgements

I would like to thank the following friends for their talent, their literary insight, their loving kindness and their patience: the great artist Judy Levy; the great playwright Terry Baum; Patrick Hammer who led a group called *The Wild Angels* for 10 years; David Elsasser and his *Parkside Poets Group*; Anthony Moscini's wonderful group *The Riverside Poets*. Countless other friends have inspired me to write and responded positively to my poems. Finally working with my publisher and translator, Roberto Mendoza Ayala, has been truly inspiring and has been a great learning experience for me. It's also been an awful lot of fun.

Agradecimientos

Me gustaría agradecer a las siguientes personas por su talento, su visión literaria, su amorosa bondad y su paciencia: a la gran artista Judy Levy; al gran dramaturgo Terry Baum; a Patrick Hammer quien lideró por 10 años un grupo llamado *The Wild Angels*; a David Elsasser y su grupo *The Parkside Poets*; a Anthony Moscini y su maravilloso grupo *The Riverside Poets*. A todos los innumerables amigos que me han inspirado a escribir y que respondieron positivamente a mis poemas. Finalmente, trabajar con mi editor y traductor Roberto Mendoza Ayala ha sido verdaderamente inspirador y una gran experiencia de aprendizaje para mí. También ha sido bastante divertido.

www.ingramcontent.com/pod-product-compliance
Lightning Source LLC
Chambersburg PA
CBHW022022090426
42739CB00006BA/242